어긋난 두 운명을 껴안으며
Merangkul Dua Takdir Yang Saling Berpapasan

김영수Kim Young Soo
Senny Suzanna Alwasilah센니 수잔나 알와실라

| 인지 |
| 생략 |

들꽃세계문학선 4
어긋난 두 운명을 껴안으며
Merangkul Dua Takdir Yang Saling Berpapasan

지은이/김영수Kim Young Soo
       Senny Suzanna Alwasilah센니 수잔나 알와실라
펴낸이/문창길
초판인쇄/2024년 10월 25일
초판펴냄/2024년 10월 30일
펴낸곳/도서출판 들꽃
주소/04623 서울 중구 서애로 27 서울캐피탈빌딩 B2-2호
전화/02)2267-6833, 2273-1506
팩스/02)2268-7067
출판등록/제2-0313호
E-mail:dlkot108@hanmail.net

값 12,000원
* 파본된 책은 바꾸어 드립니다.

ISBN 978-89-6143-242- 9 03810

들꽃ⓒ2024

들꽃세계문학선 4

한국 · 인도네시아 2인 시집
어긋난 두 운명을 껴안으며
Merangkul Dua Takdir Yang Saling Berpapasan

김영수 Kim Young Soo
Senny Suzanna Alwasilah 센니 수잔나 알와실라

Editing
Nenden Lilis Aisyah 넨덴 릴리스 아이샤

| 추천사 |

두 선線 안에 있는 마음의 흔적

마만 S. 마하야나(Maman S. Mahayana)
인도네시아 '시의 날' 위원회 위원장

시는 가장 깊은 마음의 소리다. 시는 진실을 간직하고 정직한 떨림을 은은하게 전할 수 있다. 따라서, 시 안에서 흘러나오는 떨림은 내면의 진실을 표현하는 것이라고 할 수 있다. 이 모든 내면의 경험이 어떻게 하나의 외침, 명상, 스토리, 비유적인 언어 형태로 전해질 수 있는가? 이를 위해 시인은 그의 내면 정신에 의존하고 인식에 함몰하면서, 은유를 동원하고, 상징을 채택하면서 비유를 사용하게 된다.

이러한 상황들이 이 시집 안에서 만나, 같이 하고 있음을 본다. 사회, 문화, 주위 환경이 서로 다른 두 사람(시인)이 같은 경험 안에서 조우하고, 어울리고 있다. : 경이로운 새로운 세상, 동시에 매혹적인 세계, 시는 개인의 경험을 변신시킬 수 있다는 위대한 시인들이 전하고 있는 논쟁을 이 시집 안에서 우리는 확인할 수 있다. 그렇다. 우리는 한국의 김영수와 인도네시아 (순다/Sunda)의 센니 수잔나 알와실라(Senny Suzanna

Alwasilah)가 가슴에서 풀어낸 내면의 소리를 이 시집을 통해 들을 수가 있다.

김영수는 어느 순간, 칼리만탄의 경이로운 자연과 마주하고, 매혹적인 역사 유적에 빠져들었고, 낯선 신화의 세계에 도취 되었었다. 그러나 그때 그러한 경험들은 순환하는 계절 속에 파묻혀 버리고 말았고, 그가 갖고 있던 전통과 전혀 다른 세상이 하나의 모습으로 다가오고 있었음을 인지하지 못했었다. 이제, 그러한 모든 경험이 한 줄씩 한 줄씩 시를 통해 새어 나오고 있고, 나누게 되었다.

쎈니 수잔나 알와실라 역시, 한국에서의 다양한 상황, 역사 배경, 사회 문화의 독특함을 통해 삶을 바라보았을 때 분명, 문화 충격을 받고 있음을 우리는 보게 된다. 쎈니는 우리가 갖고 있는 기억을 그의 개인적인 경험 안으로 끌어 드리고 있고, 그것은 그곳에서 용해되고, 끝내 우리 모두의 경험처럼 변신이 되고 있다. 이것이야말로 시의 기적인 것이다! 유일하고, 독특하고 그러나 한편으로는 보편적인 시가 가장 진실된 인간 가치에 대해 말할 때, 시는 하나의 기적이 되는 것이다.

두 시인은 두 개의 선線을 펼치고 있지만 두 선은 어느 순간 한 지점에서 만나고 있다. 두 시인이 가장 깊은 곳, 마음의 소리를 전할 때, 마치 신의 손으로 운명의 끈이 움직여지듯 시로 변한 두 문화의 만남을 우리는 즐기게 된다. 그리고 각 민족에 밀착되어 있는 상이相異한 많은 부분이 하나로 만날 수 있는 공통점과 인본 가치가 늘 존재하고 있음을 알게 된다. 시는 상호 만남을 구현하는 매체로 기능을 발휘할 수 있기 때문이다!

   진실로 기적 같은 매력이 있는 것이다!

| Kata Pengantar |

JEJAK HATI DALAM DUA GARIS

Maman S. Mahayana
Ketua Yayasan Hari Puisi

Puisi adalah suara hati yang terdalam. Ia menyimpan kebenaran, melantunkan denyut kejujuran. Maka, diyakini, puisi sesungguhnya ekspresi pengalaman batin yang lalu tumpah dan mengalir dalam larik-larik. Apakah segala pengalaman batin itu disampaikan seperti sebuah igauan, perenungan, kisahan atau wujud dalam bentuk bahasa figuratif? Bergantung pada spirit dan kesadaran penyair dalam memanfaatkan metafora, simbolisme atau majas lain dalam membungkus pesannya.

Demikianlah yang terjadi pada antologi puisi ini. Dua manusia dengan latar belakang sosio-budaya dan lingkungan alam yang berbeda, dipertemukan oleh pengalaman yang sama: dunia baru yang mencengangkan, mencekam dan sekaligus mempesona. Benarlah hujah yang disampaikan para penyair agung: puisi adalah ekspresi pengalaman individual yang menjelma menjadi pengalaman bersama. Ya. Puisi-puisi dalam buku ini laksana suara batin sosok Kim Young Soo - yang Korea dan Senny Suzanna Alwasilah - yang Sunda (Indonesia).

Kim Yong Soo tiba-tiba menghadapi keangkeran Kalimantan, takjub pada pesona peninggalan sejarah, dan terpukau pada mitos yang begitu asing. Tidak terbayangkan ketika ia berada dalam kepungan alam dengan pergantian musimnya. Tidak terlintas pula dalam pikirannya, ada dunia lain yang berbeda sama sekali dengan tradisi leluhurnya yang sudah melekat menjadi habitus. Semua pengalaman yang dahsyat itu menggumpal, lalu meleleh ketika ia menuliskannya dalam larik-larik puisi. Ia seketika berbagi pengalaman.

Peristiwa gegar budaya itu pula yang dialami Senny Suzanna Alwasilah ketika menghadapi kehidupan Korea dengan segala peristiwa alam, latar sejarah, dan kekhasan sosio-budayanya. Bagi kita, pembaca, pengalaman Senny itu laksana membetot memori kita memasuki pengalaman individualnya. Kita lebur di sana. Lalu seolah-olah jadi pengalaman kita bersama. Begitulah mukjizat puisi! Unik, khas, tetapi sekaligus juga universal ketika ia berbicara tentang nilai-nilai kemanusiaan yang paling hakiki.

Kim dan Senny membentangkan dua garis, lalu bertemu pada satu titik ketika kedua sosok manusia ini menyampaikan suara hatinya yang bertahta di sudut yang terdalam. Boleh jadi ada tangan Tuhan menggerakkan garis nasib. Kita menikmatinya sebagai pertemuan dua budaya yang lesap dan menjelma puisi. Jadi, di antara begitu banyak perbedaan yang melekat pada diri setiap bangsa, selalu ada persamaan yang menyatukannya: nilai-nilai kemanusiaan. Puisi lalu berfungsi sebagai salah satu wahana yang mempertemukannya!

Sungguh pesona yang ajaib!

| 추천사 |

최초의 기념비적 이인(二人) 시집

시인 : 고형렬

　이 시집은 한국과 인도네시아에서 동시에 출간하는 이중언어로 편집된 최초의 기념비적 이인二人 시집이다. 모양과 소리가 다른 두 나라 언어와 감정의 섬세한 화답이 대조를 이루어낸 이중 변주곡은 독특한 실험이 낳은 새로움과 경이로움이다.

　작은 책 속에 숨겨진 상대국의 섬과 거리, 사랑에 대한 그리움과 아픈 기억을 불러들인 두 시인의 교감 방식은 점점 가까워지는 양국의 비교문학적 의미의 심층을 깊게 했으며 그 내면의 고백에 귀를 기울이게 하는 시적 진실에 도달했다.

| Kata Pengantar |

Antologi Dua Penyair yang Pertama dan Monumental

oleh: Penyair Ko Hyeong ryeol

Antologi ini adalah kumpulan puisi untuk pertama kali secara monumental yang ditulis dengan dua bahasa, diterbitkan secara bersamaan di Korea dan Indonesia. Variasi ganda yang kontras dengan respon halus dari bahasa dan emosi dua negara yang berbeda dalam bentuk dan suara adalah suatu hal baru dan keajaiban yang lahir dari eksperimen unik.

Pendekatan dua penyair yang membawa kerinduan dan kenangan yang pahit tentang pulau-pulau, jalan-jalan dan cinta di negara Indonesia dan Korea yang tersembunyi dalam antologi kecil ini memperdalam dasar makna sastra komparatif kedua negara yang semakin dekat dan mencapai kebenaran puitis untuk mendengarkan pengakuan batinnya.

| 추천사 |

시를 통해 한국과 인도네시아, 서로에게 뿌리내리기를

시인 : 사공 경
한인니문화연구원장

Assalamualaikum! السلامعليكم

평화가 여러분과 함께하기를 바랍니다.

'사업가는 세상을 한 발 앞서고, 시인은 세상을 두 발 앞선다'고 합니다.

이처럼 세상을 두 발 앞서는 시인들의 시집에 추천사를 쓰게 되어 특별히 기쁩니다. 유트브와 다른 영상 매체 등으로 많은 시간을 소비하는 시대에 시를 쓰는 두 시인의 고집과 그 유별남이 자랑스럽습니다.

한국어와 인도네시아어로 서로의 정서를 노래하는 시집 『어긋난 두 운명을 껴안으며』에서 내 영혼 같은 한국과 인도네시아'를 다시 만날 수 있었습니다.

저는 35년 전부터 인도네시아에 거주하고 있습니다. 그런데 서울에 가면 인도네시아 소또(Soto)가 그립고, 자카르타에 있으면 서울의 김장김치가 그립습니다. 디 아스포라 특유의 외로움은 있지만, 두 개의 세계, 즉 한국과 인도네시아를 다 품은 행복감이 더 큽니다. 인도네시아를 알게 된 것은 나에게 오빠가 한 명 더 있는 것과 같습니다.

2017년 제8회 '인도네시아 이야기' 문학상 대상 (주최: 한인니문화연구원) 수상자 김영수 시인, 인도네시아 빠순단(Pasundan)대학교 예술문학대학장인 센니 수잔나 알와실라 (Senny Suzanna Alwasilah) 시인도 그렇습니다. 시를 통해서 누산따라(Nusantara)와 한국의 영혼, 아름다움을 봤습니다. 문화강국, 해양강국, 그리고 다양성 속의 통합을 지향하는 인도네시아를 만났습니다. 인도네시아 무슬림(Muslim)들의 자부심도 보았습니다. 욕망의 늪에 빠진 한국을 질책하기도 합니다. 만해축전에서 만났던 "분노도 시가 되었던" 하이릴 안와르(Chairil Anwar). 김영수, 센니(Senny) - 두 시인은 '시'에서 철학적으로 문화적으로 항상 깨어있으라고 말합니다.

일상에 쫓겨 시가 눈에 들어오지 않을 수도 있습니다. 그러나 시가 없는 삶을 상상해 보십시요! 누가 저에게 "언제부터 시인이 되었느냐"고 묻는다면, 저는 그에게 되묻고 싶습니다. "당신은 언제부터 시인이기를 그만두었느냐?"고…

이인二人 시집 『어긋난 두 운명을 껴안으며』는 양국

시문학의 역사에 우리 미래의 이야기와 발자국으로 새겨질 것입니다. 언어로 표현된 시는 두 나라 사이의 건강한 관계를 더욱 깊고 넓게 만들어 줄 것입니다.' 두 운명을 껴안으며 '를 통해 한국과 인도네시아가 서로 뿌리내리며 함께 성장하길 기원합니다. 두 시인의 상상력이 인도네시아, 한국을 넘어 저 넓은 우주로 향하기를 희원합니다.

وعليكم السلام

여러분에게도 평화가 깃들기를 바랍니다.

| Kata Pengantar |

Korea Selatan dan Indonesia Semoga Saling Berakar Melalui Puisi

oleh: Penyair, Sagong Kyung
Ketua Indonesian & Korean Culture Study (IKCS)

السلام عليكم

Assalamualaikum

Semoga damai senantiasa bersama dengan Anda semuanya.

'Pengusaha selangkah lebih maju daripada dunia, penyair dua langkah lebih maju daripada dunia ini.' Saya sangat bergembira karena diberikan kesempatan untuk menulis kata pengantar bagi antologi 2 penyair ini yang selalu mengambil dua langkah lebih maju daripada dunia ini.

Saya bangga atas kegigihan dan kekhasan dua penyair ini yang tekun menulis puisi pada masa kini di mana masyarakat menghabiskan banyak waktu dengan youtube atau media visual lainnya. Di dalam antologi 『Merangkul Dua Takdir Yang Saling Berpapasan』 yang menyanyikan emosi masing-masing dengan dua bahasa, Korea dan Indonesia, saya dapat menjumpai kembali dua negara yang tersayang itu bagaikan jiwa saya sendiri.

Saya tinggal di Indonesia sudah 35 tahun lamanya. Tapi ketika saya pergi ke Seoul, segera merindukan Soto di Indonesia, sedangkan ketika saya berada di Jakarta, tetap kangen akan *Kimchi*, sejenis asinan di Indonesia. Meskipun ada rasa kesepian khas yang terikat pada diaspora, tapi masih ada lebih banyak kebahagiaan bagi saya, yakni: Mengenal Indonesia. Bagi saya, dianggap seperti halnya penambahan seorang kakak laki-laki.

Penyair Kim Young Soo, penerima hadiah utama dalam Sayembara Karya Sastra 'Cerita Indonesia' ke-8 tahun 2017 yang diprakarsai oleh Indonesian & Korean Culture Study (IKCS) dan penyair Senny Suzanna Alwasilah, Dekan Fakultas Ilmu Seni dan Sastra Universitas Pasundan juga mirip sama dengan saya.

Saya telah melihat jiwa dan keindahan baik di Korea maupun di Nusantara melalui puisi yang dimuat dalam antologi 『Merangkul Dua Takdir Yang Saling Berpapasan』. Menjumpai juga Indonesia yang sedang menuju suatu negara kuat di bidang kebudayaan dan maritim berlandaskan Bhineka Tunggal Ika. Melihat juga kebanggaan Muslim di Indonesia. Sementara antologi ini juga mengkritik Korea yang tenggelam dalam rawa keinginan yang berlebihan, dan bertemu dengan Chairil Anwar untuk menanyakan "Apakah amarah bisa menjadi puisi?" di Festival Sastra *Manhae*. Penyair Kim dan Senny dalam puisinya menerangkan, kita selalu terbangun secara filosofis dan kultural.

Kemungkinan besar, kita tidak bisa melihat puisi karena kesibukan sehari-hari. Tapi coba bayangkan kehidupan ini tanpa puisi! Jika seseorang bertanya kepada saya, "Sejak kapan anda menjadi penyair?" Saya ingin bertanya kembali padanya, "Sejak kapan anda berhenti menjadi penyair?"

Antologi 『Merangkul Dua Takdir Yang Saling Berpapasan』 akan menjadi cerita dan jejak masa depan kita dalam sejarah sastra puisi antara kedua negara. Puisi yang diekspresikan dengan bahasa akan mendorong hubungan Korea-Indonesia yang lebih sehat dan lebih mendalam lagi. Saya mengharapkan 『Merangkul Dua Takdir Yang Saling Berpapasan』 akan mempererat tali persahabatan antara Indonesia dengan Korea Selatan dan mengharapkan juga daya imajinasi baik penyair Senny Suzanna Alwasilah maupun penyair Kim Young Soo melintasi Korea dan Indonesia, menuju alam semesta yang lebih luas lagi.

وعليكم السلام

| 어긋난 두 운명을 껴안으며Merangkul Dua Takdir Yang Saling Berpapasan |

차례

추천사 마만 S. 마하야나(Maman S. Mahayana) _4
추천사 고형렬(Ko Hyeong ryeol) _10
추천사 사공 경(Sagong Kyung) _12

김영수Kim Young Soo

MELINTASI LANGIT KALIMANTAN _26
칼리만탄 (Kalimantan) 하늘을 지나며
MERENUNG 'PULAU LAUT' _30
'바다 섬'(Pulau Laut)을 기억하며
DI CANDI PRAMBANAN _35
쁘람바난 (Prambanan) 사원에서
KEMBALI KE CANDI BOROBUDUR _39
보로부두르 (Borobudur)를 다시 찾아
DI CANDI GEDONG SONGO _41
찬디 거동 송오(Candi Gedong Songo)에서
MALAM DI JAKARTA _44
자카르타의 밤
DARI BENGAWAN SOLO _48
벙아완 솔로 (Bengawan)에서
DI TEPI LAUT BATANG _51
바탕 (Batang) 바닷가에서
DARI SEMARANG _55
스마랑 (Semarang)에서

| 어긋난 두 운명을 껴안으며Merangkul Dua Takdir Yang Saling Berpapasan |

DARI BANDUNGAN _57
반둥안 (Bandungan)에서
MENINGGALKAN UNGARAN _59
웅아란(Ungaran)을 떠나며
DARI BANDUNG -Kpd. Prof. Yoon Jeong Seop _62
반둥 (Bandung)에서 -윤정섭 교수에게
WANITA YANG MENGUMPULKAN BIJI KOPI _66
커피콩을 줍는 여인
ADZAN _70
아잔 (Adzan)
1월 나비 -인도네시아 스마랑에서 _74
KUPU-KUPU JANUARI -di Semarang, Indonesia
CHUSEOK DI KHATULISTIWA _78
적도赤道의 추석秋夕
FAJAR DI TANAH POSTKOLONIALISME -dari Semarang, Indonesia _81
탈식민脫植民의 새벽 -인도네시아 스마랑에서
MINUM KOPI BERSAMA _83
커피를 같이 마시며
KESAN SEBUAH KOTA YANG ADA POHON MANGGA _85
망고나무가 있는 도시 인상
TAKDIR DI ALAM KHAYALAN _88
환상 속의 운명

| 어긋난 두 운명을 껴안으며 Merangkul Dua Takdir Yang Saling Berpapasan |

Senny Suzanna Alwasilah 센니 수잔나 알와실라

자카르타와 서울 사이 _94
ANTARA JAKARTA DAN SEOUL
첫 새벽의 단편斷片 _98
FRAGMEN DI SEPERTIGA MALAM
정동진 해변의 기도 _101
DOA DI PANTAI *JEONG DONG JIN*
바다를 바라보고 있는 속초 _104
KOTA *SOKCHO* YANG MEMANDANG LAUT
선녀仙女라는 이름의 처녀 _108
GADIS BERNAMA *SEON NYE*
이태원 회교 사원으로 비를 피한 사람 _116
YANG BERTEDUH DI MESJID *ITAEWON*
만해마을에 비 내리고 - 만해문학축전에서 _118
HUJAN DI KAMPUNG *MANHAE* -dari Festival Sastra *Manhae*
서울의 황색 석양 _122
JINGGA SENJA DI KOTA SEOUL
상처의 흔적 _126
SISA LUKA
OLIVE YOUNG _128
OLIVE YOUNG
남대문 시장 _133
PASAR *NAMDAEMUN*

| 어긋난 두 운명을 껴안으며Merangkul Dua Takdir Yang Saling Berpapasan |

수타사에서 기도하는 여성 _137
PEREMPUAN YANG BERDO'A DI KUIL SUTA
한잔의 커피에 그리움을 _141
RINDU PADA SETEGUK KOPI
남이섬의 시詩 _145
PUISI DI PULAU *NAMI*
기도의 스탠자 _149
STANZA DOA
그리움의 단시短詩 _152
GURINDAM RINDU
평택 하늘의 구름 _156
AWAN DI ATAS LANGIT *PYEONGTAEK*
서울에서의 어느 날 _158
SUATU HARI DI KOTA SEOUL
강원 하늘에 펼쳐진 별무리 _162
TEBARAN BINTANG DI LANGIT *GANGWON*
인천공항에서의 이별 손짓 _165
LAMBAIAN DI BANDARA *INCHEON*

TENTANG PENYAIR시인약력_ KIM YOUNG SOO김영수 _169
시인약력TENTANG PENYAIR_ 센니 수잔나 알와실라(SENNY SUZANNA ALWASILAH _173

김영수
Kim Young Soo

MELINTASI LANGIT KALIMANTAN

Pada puncak antara umur 20-an dan 30-an
aku pernah lihat
air anak sungai berwarna tanah liat merah
mengalir bagaikan ular menjalar
yang belum tahu asal usulnya
menuju muara yang samar-samar

Di dalam hutan rimba Batulicin
kulit kegelisahanku mulai terkelupas
satu demi satu
Di atas jalan malam ke arah Palangkaraya
gugusan bintang tetap bersama mengikuti
bayangan hatiku waktu itu

Kini,

Di suatu sudut waktu
yang dapat diampuni meskipun terlupakan

Aku berjalan menuju ke tepi sungai Barito
di mana seseorang harus menginjak kakinya
sebelum menghadapi ajal

Dengan arah penglihatan jauh yang bergoyang
aku sedang melintasi langit Kalimantan

* Batulicin : Sebuah nama daerah di Kalimantan Selatan
* Palangkaraya : Nama kota di Kalimantan Tengah
* Barito : Nama sebuah sungai di Kalimantan Selatan

칼리만탄(Kalimantan) 하늘을 지나며

스물과 서른의 고비에서
나는 보았다
시원始原을 알 수 없는 황토빛 물길이
끝 모를 종착을 향해 사행蛇行하는 것을,
바투리친의 밀림에서
내 불안은
한 겹씩 벌목伐木 되어 잘려나갔고
빨랑까라야로 가는 밤길 위, 별 무리들은
그 아픔을 같이했었다
이제,

잊어도 용서받을 수 있을 것 같은
시간의 한켠에서

살아,
다시 그 강가에 서야 한다는
바리토를 향하여

흔들리는 먼 눈길로
칼리만탄 하늘을 스쳐 지나가고 있다

* 바투리친(Batulicin) : 인도네시아 남부 칼리만탄 한 지역
* 빨랑까라야(Palangkaraya) : 인도네시아 중부 칼리만탄 한 지명(地名)
* 바리토(Barito) : 인도네시아 남부 칼리만탄에 있는 강(江) 이름

MERENUNG 'PULAU LAUT'

Laut,
seberang cakrawala di bawah khatulistiwa
'Pulau Laut' menggambarkan lukisan samudera yang belum selesai

Tempat,
di mana waktuku dua puluh delapan tahun yang bergairah
berkumpul serta menyebar,
menginjakkan kaki pertama dengan kegelisahan yang berlebih
di lapangan terbang sederhana Stagen, Kotabaru.
tanpa kenyamanan pendaratan

Di selat biru yang mendalam
jalannya terus disambung dengan jalur laut
Di hutan perawan Batulicin dan Kintap,
kegelapan dalam yang tak kenal, dicekik oleh

naungan hitam

　Di sanalah Aku mengupas kulit eksistensi yang belum sempurna
　satu per satu

　Dengan buta warna merah-hijau yang terhuyung-huyung
　Luka yang belum sembuh dicabik-cabik lagi oleh duri rotan
　Darah dihisap tanpa rasa sakit oleh lintah hutan
　yang melekat pada dadaku
　Tak mungkin melepaskan kesedihan yang parah
　oleh pohon raksasa yang ditebang

　Kini,
　sambil melihat figur di belakangku dua puluh delapan tahun
　yang semakin tersebar di langit seberang 'Pulau Laut'
　tanpa sedih, tanpa sakit, tanpa gembira,
　Aku
　menghapus, menutup dan mengantarkan sehelai

ingatan yang hampa

* Pulau Laut : Nama sebuah pulau di Kalimantan Selatan, Indonesia
* Stagen/Kotabaru : Nama daerah di Pulau Laut
* Barulicin/Kintap : Nama daerah di Kalimantan Selatan

'바다 섬' (Pulau Laut)을 기억하며

적도 아래 수평선 너머 바다 위에
'바다 섬' 은 다 못 그린 바다를 그리고 있었다

내 스물여덟의 뜨거웠던 시간들이 모아졌다가 흩어진 곳
흔들리는 불안으로 첫발을 내디뎠던
착륙이라는 안도감이 착륙하지 않았던
황량한 꼬따바루 스타겐 간이 비행장
그리고 이어진 짙푸른 해협의 바닷길
그 깊은 속을 알 수 없었던 질식 속 검은 그늘,
바뚜라친과 낀탑의 원시림

그곳에서 나는 휘청거리는 적록 색맹으로
미완의 존재를 하나씩 박피하였지만

여물지 않은 상채기는 로딴 가시에 다시 찢겨 나갔고
가슴에 흡착한 산 거머리에 내 피는 아픔 없이 사라져 갔다

스러지는 원목에 원초의 슬픔을 끝내 떠내보내지 못한 채

　이제, '바다 섬' 너머로 흩어지는
내 스물여덟의 뒷모습을
슬프지도,
아프지도,
그렇다고 기쁘지도 않은 채
바라보면서
기억의 한 장을 지우며, 덮으며, 떠나보내려고 한다

* '바다 섬'(Pulau Laut) : 인도네시아 남부 칼리만탄에 있는 섬
* 스타겐(Stagen)/꼬따바루(Kotabaru(: '바다 섬'에 있는 지명
* 바뚜리친(Batulicin)/낀땁(Kintap) : 남부 칼리만탄 지명

DI CANDI PRAMBANAN

Dewa-dewa yang mirip kartun turun ke bumi
berkumpul bersama di setiap kediaman
untuk main rumah-rumahan

Sejak dahulu kala,
Brahma yang melankolis berlari ke hutan rimba dengan gila-gilaan
Syiwa tidur lelap di bawah kuku sapi batu, Nandi
Wisnu menunggu-nunggu Garuda tanpa kerja apapun seharian

Di bawah dinding batu tempat keramat
di mana terhenti lama asap dupa
dua ekor monyet yang menghindari hujan
saling meratakan bulu masing-masing,
memandang jauh awan hujan berduyun-duyun
ke gunung Merapi

Ketika
Kelompok berhijab yang mendaki tangga batu licin,
mengulum mantera yang tak dapat disampaikan langit

Seekor ayam jantan
memekik untuk menerangi siang harinya

"Om Shanti Shanti Shanti Om"

쁘람바난(Prambanan) 사원에서

만화漫畵 닮은 신神들이 지상에 내려와
집 하나씩 옹기종기 차지하고
소꿉장난하던 땅

언제부턴가
조울증躁鬱症의 브라흐마는 밀림 속으로 미쳐 떠났고
쉬바는 석우(石牛) 난디 발굽 아래, 깊은 잠 속인데
비슈느는 할 일 없이 가루다를 기다린다

향연香煙 끊어진 지 오래인 신전神殿 석축石築 밑,
비 피한 두 마리 원숭이가 털 고르며
머라피로 몰려가는 먼 비구름을 바라보고,
미끄러운 돌계단 오르며
하늘에 닿지 않을 주문呪文
히잡들이 외울 때,

장닭,
홰를 치며 한낮을 알린다

"옴 샨티 샨티 샨티"

* 쁘람바난(Prambanan) : 인도네시아 중부 자바(Java), 욕야카르타(Yogyakarta)에 있는 고대 힌두교 사원
* 난디(Nandi) : 힌두교 시바(Siva) 신의 시종인 소 이름
* 가루다(Garuda) : 인도 신화에 나오는 신조(神鳥)
* 머라피(Merapi) : 인도네시아 중부 자바에 있는 산 이름
* 히잡(Hijab) : 여성 무슬림들이 머리와 목을 가리기 위해 쓰는 베일
* 옴 샨티 샨티 샨티(Om Shanti Shanti Shanti) : 힌두교의 만트라

KEMBALI KE CANDI BOROBUDUR

Setelah hujan reda
di atas puncak Nirwana,
aku mendengarkan keheningan Budha tanpa muka

Pengeras suara di kampung sayup-sayup memanggil Allah
Tetesan hujan di susuran tangga bangunan batu
mengalir seperti air mata Budha yang menyedihkan

Kini,
Di seberang mesjid
tanda batasan asing oleh orang kafir
sinar matahari yang muram tercekik
Budha-budha tanpa wajah berbalik, mengenang Nirwana yang terlupakan

보로부두르(Borobudur)를 다시 찾아

한 차례 비 스쳐 간 적멸寂滅의 정상에서
얼굴 없는 부처의 침묵을 듣는다
먼 사하촌寺下村 확성기는 '알라'를 부르는데
석축石築 난간, 빗방울은
부처의 회한인 양 눈물로 흐른다
이제,
이교도異教徒의 낯선 경계境界가 된
사원寺院 너머로
시나브로, 막막한 햇볕은 숨막히는데
얼굴 잃은 부처들은
등 돌려 회향回向하며 니르바나를 추억한다

 * 보로부두르(Borobudur) : 인도네시아 중부 자바(Java)에 있는 불교 사
   원 유적
 * 알라 : Allah

DI CANDI GEDONG SONGO

Di lereng bukit
tercurah sinar matahari siang di khatulistiwa
pada ubun-ubun anemia
terdapat stupa batu yang terlupakan
menghapuskan bayangannya dengan hampa

Di tempat reruntuhan biara
telah lama terhenti asap dupa untuk memanggil rasuk dewa
hanya keheningan cahaya pucat rahasia
jatuh terguling

Sementara kabut siang hari di lautan Jawa yang jauh
nampak lupa akan geraknya

Keturunan dari orang-orang yang mendirikan stupa batu
sedang mengembara untuk mencari Tuhan dengan

dialek asing

  telah lama melupakan Brahma

  Baik harapan maupun hasrat, bagaikan gugusan bintang

  telah terhapus di seberang ingatan manusia

Hari ini pun,

  sembilan stupa batu yang tertinggal di gunung Ungaran

  meleleh seperti lilin terbakar

Dewa tidak datang lagi ke tempat ini

* Candi Gedong Songa : Berada di Ungaran, Jawa Tengah

찬디 거동 송오(Candi Gedong Songo)에서

적도赤道의 한낮 태양이
허혈성虛血性 빈혈의 머리 위로 쏟아지는 산 중턱에
잊혀져 가는 석탑石塔 아홉 개가
그림자를 하얗게 지우고 있었다
신내림의 향연香煙이 끊어진 지 오래인 폐사지廢寺址에는
내밀內密한 백열白熱의 침묵만이 나뒹굴고
먼 자바(Java)해海의 낮 안개는 움직일 줄 모르고 있는데

석탑 쌓아 올린 사람들의 자식들은
이방異邦의 낯선 방언方言으로 신神을 찾아 떠돌며
범천梵天을 잊은 지 오래이다
별 같았던 희원希願과 비원悲願은
사람들 기억 너머로 지워졌고
남겨진 웅아란(Ungaran) 산 아홉 개 석탑만이
오늘도 촛농처럼 조용히 무너져 내리고 있을 뿐
신神은 다시 이곳을 찾지 않고 있었다

  * 찬디 거동 송오(Candi Gedong Songo) : 인도네시아 중부 자바(Java) 웅아란(Ungaran)에 있는 힌두교 사원 유적지

MALAM DI JAKARTA

Angin malam yang lembab dari Laut Jawa
menggugurkan bunga flamboyan

Di jalan, di mana telah turun kegelapan
gerombolan sepeda motor
yang mengangkut kemiskinan bobrok
saling berteriak untuk hidup

Di dalam mobil hitam
yang tak mau berhenti di depan lampu merah lalu lintas,
ditransaksi langsung baik uang suap
maupun pengkhianatan akan negeri

Anak perempuan yang bermata bulat,
digantung di jendela mobil mengulurkan kaleng kosong
untuk meminta uang recehan

Alat pengeras suara dari mesjid
mengumandangkan adzan Magrib bahagia
hanya fatamorgana bagi si bocah telanjang kaki

Di dalam kaleng
hanya diisi kelaparan yang pedas dan keputusasaan
dini

Di belakang gedung pencakar langit
yang terang benderang sungai Ciliwung mengalir
gubuk-bubuk berderetan merangkang satu sama lain
dalam kelaparan

Angin malam yang lembab berhembus
menuju fajar yang enggan terbit

자카르타의 밤

자바해海에서 불어오는
눅눅한 밤바람이
플람보얀을 뒤척이고
어둠 내린 길에는
초라한 삶을 얹은 오토바이들이
아우성치고 있다

붉은 신호등에 멈출 줄 모르는
관용차官用車 안에서는
뇌물과 매국賣國이 직거래되고
차창車窓에 매달린 눈망울 큰, 계집아이는
한 줌 밥을 얻기 위해 빈 깡통을 내민다

사원寺院 확성기는 마그립 아잔을 쏟아내지만
맨발의 아이에겐 신기루 같은 행복
아린 배고픔과 일찍 배운 체념이
깡통 속에 담겨 있을 뿐

불 밝힌 빌딩 뒤로 칠리웅은 꾸역꾸역 흐르고
강 따라 이어진 판자집들은
허기 속에 웅크렸는데
아직 먼 아침으로
습한 바람,
끈적이며 지나간다

　* 자바 해(海) : 인도네시아 자바(Java) 섬이 면해 있는 바다
　* 쁠람보얀(flamboyant) : 봉황목(鳳凰木), 열대 식물. 만개한 붉은 꽃이
　　 유명하며, 동남아에서는 가로수로 많이 심음
　* 마그립(Maghrib) : 이슬람교도 저녁 기도시간
　* 아잔(adzan) : 코란 독경(讀經)
　* 칠리웅(Ciliwung) 강 : 자카르타를 남북으로 관통하는 강

DARI BENGAWAN SOLO

Setengah sinar matahari, setengah guyuran hujan
ingatanku tergesa-gesa menelusuri jalan panas
Akhirnya berdiri di tepi airnya

Aliran air kecil yang jauh lebih sempit
daripada lebarnya sungai di dalam dugaan sebelumnya
hanya mengandung air tanah liat sia sia belaka

Perahu-perahu yang mondar-mandir mengikuti arah angin
telah lama berlabuh pulang ke kemarin
hanya mengalir bekas-bekas kenyataan
yang menjadi angan di dalam waktu tertimbun

Kini,

hanya tertinggal dalam sebuah lagu
sungai yang melupakan sungai

Bengawan Solo
sedang mati tenggelam diam-diam
di dalam polusi udara kota,
di dalam kehilangan ingatan manusia

병아완 솔로(Bengawan)에서

햇빛 반, 빗줄기 반
더운 길 따라 내 기억은 달려와
물가에 섰다
머리속 강폭江幅보다 허무하게 더 좁은
조븟한 물줄기는
빈사瀕死의 황토물을 안고 있을 뿐

바람 따라오고 간, 돛단배들은
어제로 귀항歸港한지 오래고,
시간의 퇴적 속에 관념이 된 사실事實들만이
흔적으로 흐르고 있었다
이제,
노래로만 남은
강을 잊은 강, '병아완 솔로'는
도시의 매연煤煙 따라, 사람들 망각 속에서
조용한 익사溺死를 하고 있었다

   * 병아완 솔로(Bengawan Solo) : 인도네시아 중부 자바에 있는 강(江)
     이름

DI TEPI LAUT BATANG

Pada suatu masa, burung cendrawasih terbang
di atas aliran lahar yang merah padam
Ketika Arjuna yang menunggang kuda berlari ke gunung Merapi
hati sungai yang bening mengalir ke arah laut dengan penuh mitologi

Kini,
mitos itu telah hilang
Sungai yang melewati lembah-lembah di mana gunung berapi saling ribut,
menelusuri tanah orang yang panas
telah lama menguraikan air tanah liat yang miskin ke tepi laut

Burung camar pun tak suka mengingat tepi laut
yang hampa di mana tak ada jejak manusia
Hanya sebuah bungkusan super mie yang sobek dan

pudar
    terapung tanpa arah di atas ombak yang malas
    mengikuti angin khatulistiwa yang letih

    Laut telah dihapuskan dari ingatanku

바탕(Batang) 바닷가에서

언젠가 붉은 용암 위로 극락조極樂鳥 날아오르고
말 탄, 아르주나가 머라피로 질주할 땐
맑은 강심江心, 신화를 품은 채 바다로 달렸건만

이제 전설이 사라진 오늘,
웅성거리는 화산의 골짜기를 거쳐
사람들의 뜨거운 땅을 스쳐 온 강은
찌든 가난의 황토물을 바다에 풀어 헤친지 오래다

갈매기도 생각하기 싫어하는
사람 없어 텅 빈 바닷가엔
나른한 적도의 바람 따라
누렇게 빛바랜 찢긴 라면 봉지 하나가
게으른 파도 위에서 밀려왔다, 밀려가고 있을 뿐,

바다는 이미,
기억에서 지워지고 있었다

* 바탕 (Batang) : 인도네시아 중부 자바(Java), 한 지명(地名)
* 아르주나 (Arjuna) : 인도 대서사시 마하바라타(Mahabharata)에 등장하는 인물
* 머라피 (Merapi) : 인도네시아 중부 자바에 있는 활화산

DARI SEMARANG

Adzan yang parau dari pengeras suara mesjid
diperas memilin di dalam otak
akhirnya tertebar pada kelembaban dinding kamar

Pukul 4 fajar, tanpa disadari di luar jendela turun hujan
Cicak di langit-langit tak mengenal gerakan

Ketika kesadaran sekarat yang bernapas dengan suara hujan
melintasi batas antara eksistensi dan non eksistensi

Sekali lagi,
 'Allahhu Akbar'
menusuk masuk ke dalam telinga kiriku

스마랑(Semarang)에서

사원寺院 확성기의 목 쉰 아잔은
머릿속에서 비틀어 짜진 후,
물기 먹은 방 벽에 흩어져 널리고
새벽 4시, 창밖 비는 무심無心한데,
천장의 치착은 움직임을 모른다
빗소리에 잔 숨 고른, 빈사瀕死의 인식이
존재와 부재의 경계를 넘을 때,
또 한 번,
'위대한 알라'는
내 왼쪽 귀를 파고든다

* 스마랑(Semarang) : 인도네시아 중부 자바에 있는 도시 이름
* 아잔(Adzan) : 이슬람교 기도시간을 알리는 소리
* 치착(Cicak) : 열대 지방에 서식하는 도마뱀을 닮은 파충류 일종

DARI BANDUNGAN

Jalan setapak menuju gunung
diselimuti kabut siang hari
Bola mata anak kecil
yang menunggang kuda poni itu tersenyum

Di atas tangkai pohon,
seekor monyet mulai memandang gunung
Sayup-sayup suara adzan terdengar dari desa yang jauh
diantarkan oleh angin, bunga kopi yang berwarna putih
mulai layu dengan pedas

Di sini,
Tanah milik orang miskin, sirsak berwarna akromatik
membasahi tenggorokanku
terasa asing

반둥안(Bandungan)에서

산으로 이어지는 오솔길은 낮 안개에 쌓여 있고
조랑말 탄 아이의 눈망울은 웃고 있는데
나무 위, 원숭이는 산바라기를 시작한다
먼 마을의 아잔은
바람결에 실려 오고
하얀 커피 꽃은 아리게 시드는데,
이곳,
가난한 이들의 땅,
하얀 무채無彩의 시르삭은
또 다른 낯섦이 되어 목울대를 적신다

 * 반둥안(Bandungan) : 인도네시아 중부 자바(Java), 웅아란(Ungaran) 근처 지명
 * 아잔 (adzan) : 이슬람 기도 시간을 알리는 소리
 * 시르삭 (sirsak) : 열대 과일. 주로 주스로 만들어 먹음

MENINGGALKAN UNGARAN

Samar bunyi gamelan
mengepakkan sayap ayam jantan pada siang hari,
hafalan dari pengeras suara mesjid teringat lagi,
serasa menghantam kalbuku dengan kerinduan mendalam bagaikan angin

Walau di langit-langit bayangan cicak sama sekali tak mau bergerak,
bulan bersinar terang di atas gunung Ungaran
rontok serentak bunga kopi yang mekar bagaikan pakaian berkabung

Kini,
aku pulang dulu ke tepi danau, dekat laut
akan duduk di situ dengan sunyi
di tempat persinggahan walau sebentar
meski hati orang-orang miskin lebih sayu
karena mata jernihnya menjadi angin yang

menyakitkan hatiku

Wahai, Aku pulang ke tepi danau dekat laut
meski aku tahu aku akan mencari lagi tujuan
pengembaraan lain

웅아란(Ungarang)을 떠나며

이제 돌아 가, 바다 가까운 호숫가에 무연히 앉아
잊을 만하면, 들려왔던 가멀란 소리,
한낮 장닭 홰치는 소리,
신을 강요했던 사원의 확성기 주문呪文 소리가
바람 같은 그리움 되어 울컥 가슴을 치밀어도

움직일 줄 몰랐던 천장의 도마뱀 그림자,
웅아란 산 위로 달 환한 저녁,
소복素服처럼 흐드러지던 커피 꽃이 뚝뚝 떠 오르고
눈 맑아 더 슬픈 가난한 이들의 마음이
아픈 바람이 되어 스칠지라도
이곳은 잠시 지나 가는 곳

돌아가리라,
또 다시 떠날 곳을 찾을지라도
그 바다 가까운 호숫가로

* 가멀란(gamelan) : 인도네시아 전통 유률(有律) 타악기
* 웅아란(Ungarang) : 인도네시아 중부 자바(Java), 한 지역

DARI BANDUNG
-Kpd. Prof. Yoon Jeong Seop

Di pinggir jalan menuju Gunung Tangkuban Parahu
ada sebuah teater sederhana
di sana aku duduk bersama seorang teman
yang tak miliki lagi tanda tanyaku sambil mereguk secangkir kopi
Di sini Priangan,

Tanah milik seorang bidadari Sunda
yang matanya sayu menampung kesedihan
yang menyakitkan dengan senyuman sepahit kopi

Ketika angin yang terasa di pagi bulan Oktober
menembus dan menyakiti kalbu, aku memandang panggung
sambil menyapa anginnya, semacam tanda takdir baru

Dari panggung yang belum buka layarnya

hanya terdengar irama angklung
yang menanti-nanti datangnya bidadari
sementara wayang golek semuanya berhenti, berdiri

Aku, bagaikan peran utama berjalan masuk ke dalam panggung
di mana terjadi sabur limbur antara legenda dengan manusia
untuk mencari bidadariku yang kehilangan sayap kirinya

반둥(Bandung)에서
-윤정섭 교수에게

  땅구반 빠라후 산으로 가는 길가,
  초라한 공연장에서 이제는 궁금할 것 하나 없는 오랜 친구와
  커피를 손에 쥔 채 나란히 앉는다

  여기는 쁘리앙안,
  아픈 슬픔을 맑은 웃음으로 담고 있는 눈 깊은 여인의 땅
  시월의 아침 같은 바람이 아프게 폐부를 뚫고 지나가면
  나는 새로운 숙명인 양 바람을 커피에 타 마시며 무대를 바라본다

  막이 오르지 않은 무대에는 천사를 부르는 앙끌룽 소리만 들릴 뿐
  와양 골렉은 모두 멈추어 서서 움직일 줄 모르고
  나는 신화와 사람이 혼재된 무대 안으로 주인공인 양 걸어 들어가

날개 잃은 천사를 찾는다

* 반둥(Bandung) : 인도네시아 서부 자바(Java), 주도(州都)
* 땅구반 빠라후 (Tangkuban Parahu) : 인도네시아 서부 자바(Java) 반둥(Bandung)에 있는 화화산 이름
* 쁘리앙안 (Priangan) : 서부 자바의 다른 이름
* 앙끌룽 (angklung) : 대나무로 만든 서부 자바의 대표적인 악기 이름
* 와양 골렉 (wayang golek) : 서부 자바를 대표하는 인형극에 등장하는 목각 인형

WANITA YANG MENGUMPULKAN BIJI KOPI

Bulan purnama telah melihat punggung gunung di atas
wanita telanjang kaki yang tak dapat meluruskan pinggangnya
masih memunguti kesengsaraan yang tersebar

Menjelang masa semakin matangnya biji kopi
di tempat Gunung Ungaran, 1400meter dari permukaan laut
suara napas sekumpulan wanita yang bercucuran keringat
dituangkan pada setiap biji kopi

Wanita itu meraba-raba kotoran binatang
dengan tangan kasar mirip penggaruk
yang lebih hitam daripada kopi

Wanita itu sedang mengejar kopi yang paling mahal

di dunia ini
  untuk mencukupi kemewahan di ujung lidah
golongan sosial tertentu
  yang mustahil mereka rasakan selama hidup ini

Wanita itu,

merangkak, menyeberangi punggung gunung
dengan lutut berdarah

* Gunung Ungaran : Suatu gunung (tinggi 1600 meter) terletak di daerah Ungaran, Jawa Tengah
* Binatang : Luwak

커피콩을 줍는 여인

둥근 달은 이미 산마루를 내려다보는데
맨발의 여인네는 허리를 끝내 펴지 못한 채
흩어진 가난한 삶을 줍고 있다

커피콩 익어가는 이맘때 쯤
웅아란 산山 1,400미터 고지高地에선
땀에 절은 여인네들의
긴 숨비 소리가 커피콩 한 알, 한 알에 토해진다

모르는 이들의 혀끝 호사豪奢를 위해
커피색보다 더 검은 갈퀴 손으로
짐승의 배설물을 휘저으며,

살아,
결코 맛볼 수 없는
세상에서 제일 비싼 커피를 쫓아

여인은,

피빛 무릎으로 산등성을 넘는다

* 웅아란(Ungaran) 산 : 인도네시아 중부 자바(Java), 웅아란에 있는 1,600미터 높이 산
* 짐승 : 루왁(Luwak/말레이 사향 고양이)

ADZAN

Kalau ada Tuhan di garis perbatasan
antara kesadaran dan ketidaksadaran
di mana bahasanya telah diuapkan
lima kali dalam sehari
kumandang seruan dari pengeras suara mesjid
adalah suatu tanda peringatan

Oleh karenanya,
adzan yang dikumandangkan oleh seorang anak bocah
yang belum tahu hasrat duniawi
merupakan suatu bisingan tanpa arti

Pukul 4 pagi
tanpa kesadaran akan dusta suara si bocah yang mengantuk
mengejar Tuhan dengan bahasa asing
mulai naik ke dinding antara mesjid dengan kamarku

Aku berhadapan dengan bayangan-Nya yang terasa asing

　　mondar-mandir dengan gelisah
　　di garis perbatasan antara ingatan dengan pelupaan

아잔 (Adzan)

말이 증발蒸發된 의식과 무의식의 경계에
신神이 있다면
하루 다섯 번
'알라'를 찾는 사원 확성기의 외침은
언어의 유희遊戱일 뿐

그래서,
아직 젖 살 붙어 있을 남자아이의 '아잔'은
의미 없는 소음騷音

새벽 4시,
원죄原罪의 의미도 모른 채
이방異邦의 언어로 신神을 쫓는 아이의 졸린 목소리가
사원寺院과 내 방 사이, 담장을 기어오를 때쯤

기억과 망각의 경계에서 서성이는
필연으로 가장한
또 다른 낯선 신神의 그림자와 마주한다

나는

* 아잔(Adzan) : 이슬람교도들의 기도시간을 알리는 소리
* 알라 : Allah

KUPU-KUPU JANUARI
-di Semarang, Indonesia

Apakah engkau pernah melihat kupu-kupu berwarna putih
terbang di bulan Januari?

Sejak berhentinya hujan, petang hari ini,
ketika angin mulai bersepoi-sepoi sebentar
sehelai kain katun kecil putih
yang kadang terlipat dan kadang terbuka
muncul di bawah kakiku dan segera lenyap tersesat

Ketika memanggil orang-orang meninggal
kupu-kupu putih yang merasuki arwah
datang dengan mengenakan pakaian berkabung

Kupu-kupu itu
hinggap sebentar di atas rumput
tapi tak mau lama, ia kembali mengirap hilang ke langit

untuk mecari orang yang memanggil arwah lain

 Di sini sepanjang tahun, 365 hari terus bermekaran bunga,
 Asal sayap tak dibasahi air hujan
 Siapa dan kapan saja bertemu kembali arwah orang-orang di sana
 dengan panggilan kupu-kupu kain katun putih
 sambil membakar bunga dan dupa

Di sini,
tempat terpencil di bawah khatulistiwa
tempat mekarnya bunga Flamboyant yang merah
pada bulan Januari

1월 나비
  -인도네시아 스마랑에서

1월 나비를 보신 적이 있나요
그것도 하얀 나비를,

오늘 비 그친 오후, 잠시 바람 불어올 때
발밑에 나타났다, 눈에서 놓쳐 버린
접혔다 펴지는 작은 무명천, 한 장

떠난 이를 부르면 소복素服 입고 온다는
넋 실린 나비였지요

나비는
잠시 풀잎 위에 앉았다가
아닌 듯, 날개 다시 팔랑이며
초혼招魂한 이, 찾아 허공으로 사라졌지요

이곳은 일년, 삼백육십오일
하냥 꽃이 피다 지기에,

날개,

비에 젖지 않으면, 먼 곳 엄동설한일지라도
꽃향기, 향 살라
떠난 이를 무명 나비로 불러 만날 수 있는
Flamboyant 꽃 붉은, 1월
아득한 적도赤道 아래 외진 곳이에요

  * 스마랑(Semarang) : 인도네시아 중부 자바(Java)에 있는 도시 이름
  * Flamboyant(쁠람보얀) : 봉황목(鳳凰木), 열대 식물. 만개한 붉은 꽃이
    유명하며, 동남아에서는 가로수로 많이 심음

CHUSEOK DI KHATULISTIWA

Setelah hujan deras berlalu
di malam *Chuseok* bulan purnama naik
tertancap di langit

Orang yang terpisah datang dari jauh
menatap bulan purnama
dengan doa pengharapan

Tapi tempat ini hanya diterangi sinar bulan
sia sia belaka seperti kemarin
Malam ini,
bulan yang jauh
terbit dengan hati menanti, dan terbenam dengan
hati menyesal

Di sini tak mengenal musim gugur,
bulan purnama yang panas
seperti tak terjadi apapun

tergantung pada khatulistiwa yang berkeringat
kemudian lenyap sempurna

* *Chuseok* : Semacam *Thanksgiving Day* di Korea jatuh pada tanggal 15 bulan ke-8 menurut penanggalan Imlek

적도赤道의 추석秋夕

한차례 폭우가 지나 간 후
추석秋夕이라고 둥근 달, 하늘에 올라 박힌다
저 달을
떠나 온 곳 사람들은
두 손 모아 마음으로 올려 보겠지만
이곳은 어제처럼 무의미로 밝아질 뿐
오늘 밤,
먼 곳의 달은
기다림으로 떴다가 아쉬움으로 저물고
가을 없는 이곳,
더운 달은
아무 일 아닌 듯
땀에 절은 적도赤道에 걸려 사라진다

FAJAR DI TANAH POSTKOLONIALISME
-dari Semarang, Indonesia

Kehidupan menerkam
bagaikan ombak yang gelisah
Kesadaran yang semakin pudar menjadi buih
Tersebar luas di laut yang kehilangan ingatan
Harga diri bagi eksistensi menumpul

Malam ini,
mercusuar kehilangan daya untuk memancarkan cahaya
hanya bisa memandang laut yang dijajah

Bagaikan naluri,
urat syaraf sekeliling yang masih bernapas lemah
menjadi peraba
menjalar sedikit demi sedikit
menuju fajar di tanah postkolonialisme yang menyingsing
di seberang cakrawala

탈식민脫植民의 새벽
 -인도네시아 스마랑에서

삶은
불안한 파도인 양 달려드는데
퇴색되어가는 인식은 포말이 되어
망각의 바다로 흩어질 뿐
존재에 대한 자존自尊은 무디어 가고 있다

오늘 밤,
상실의 등대는 불 밝히지 못하고
식민植民의 바다를 응시하지만

본능인 양,
아직,
잔 숨 붙어 있는 말초신경은 촉수觸手가 되어
수평선 너머
깨어나는 탈식민脫植民의 새벽으로
조금씩 조금씩 기어가고 있다

MINUM KOPI BERSAMA

Apakah engkau pernah minum kopi bersama
dengan seseorang yang terpisah lautan ribuan mil
sebagai suatu ketakterelakan secara kebetulan?

Ah, waktu itu,
aku minum kopi kaleng dingin di toko kecil,
sambil menyingkapkan waktu-waktu lalu
Dengan seteguk kopi kubasahi kerinduan
Dengan dua dan tiga teguk kopi kumeraba-raba
cakrawala selatan

Pada saat itu,
tiba-tiba foto secanggir kopi singgah di HP-ku,
lalu kami berdua minum kopi bersama
sampai tetes terakhir bagaikan takdir

Jam tanganku mengarah pada pukul 7:34 malam
sementara dia berada di waktu 5:34 sore

김영수 Kim Young Soo

커피를 같이 마시며

우연 같은 필연으로
수천 마일 바다로 떨어진 땅에 있는 한 사람과
같은 시간에 커피를 마신 적이 있나요?

그때 나는 차디찬 캔 커피를 마시며,

한 모금에 지난 시간을 넘기고
두 모금에 그리움을 적시면서
세 모금째 먼 남쪽 수평선을 더듬었지요

그때,

핸드폰으로 전해 받은 캔 커피 사진 한 장

우연 아닌 필연으로
마지막 한 방울 커피를 운명처럼 우린 같이 마셨지요

그때 내 손목시계는 오후 7시 34분이었고
그 사람은 오후 5시 34분에 있었지요

KESAN SEBUAH KOTA YANG ADA POHON MANGGA

Kota itu telah diguyur hujan
selama beberapa hari berturut-turut
tetap mengalir
Lampu-lampu mobil dan sepeda motor yang menerangi
diceraiberaikan oleh garis hujan,
dicampuradukkan saling mengerang

Wajah-wajah pejalan kaki yang suram
terapung di dalam payung hitam bagaikan balon
Saat garis miring hujan jatuh di atas kepala seorang bocah
di bawah pohon mangga, luar pagar
sebiji mangga yang matang jatuh ke bawah tanah

Petang di sebuah kota yang jauh semakin larut sedemikian

Aku merenung kota itu sambil minum jus mangga
yang akan disebarluaskan di dalam tubuhku
bagaikan kain chiffon velvet berwarna kuning

망고나무가 있는 도시 인상

도시는 며칠째 비를 맞으며 흘러내리고
불 밝힌 자동차와 오토바이는
빗줄기로 해체된 채 뒤엉켜 신음하고 있다

사람들의 우울한 얼굴은
검은 우산 안에서 풍선인 양. 숨어 떠 있고
담장 밖 망고나무 아래에 서 있는
아이의 머리 위로 빗방울 사선斜線 그으면
익은 망고 하나가 땅으로 떨어진다

그렇게 먼 곳 한 도시의 저녁이 깊어져 가고 있고

나는 몸속에서 노란색 시폰 벨벳으로 퍼져 갈
망고 주스를 마시며 그 도시를 생각하고 있다

TAKDIR DI ALAM KHAYALAN

Danau *Young Rang* yang sepi dan dingin berselimut salju
seperti tak berpenghuni dan hanya bernapas bersama laut
di situ seorang bidadari tak dapat pulang ke langit
akibat jatuh cinta pada pemuda dengan banyak nama
bidadari dituding memiliki cinta terlarang

Bidadari diusir paksa
hingga sayap kirinya patah dan tertinggal di tepi danau
Waktu demi waktu berlalu
di atas permukaan danau
Bunga ceri terus mekar di musim semi

Di ujung kerinduan yang meronta
sambil memegang sayap kiri bidadari

si pemuda dengan banyak nama memulai pencarian menyeberangi cakrawala selatan,
melewati lautan dan deretan pulau yang tak berujung
Melintasi khatulistiwa,

Akhirnya,
si pemuda dengan banyak nama berhasil menemukan sang bidadari
di atas panggung sedang menjadi lakon sandiwara wayang golek
sebagai ibu dengan tujuh peri kecil dalam iringan angklung dan kecapi

Dengan gagah, pemuda itu
memusnahkan golek-golek yang menghalangi jalannya
untuk mendapatkan sang bidadari di atas panggung,

Dalam cucuran air mata penyesalan
ia memeluk erat bidadari,
memasangkan dengan kuat sayap kiri yang patah itu

Tanpa keraguan

pemuda dengan banyak nama dan bidadari
merengkuh tujuh peri kecil itu
terbang mengitari Gunung Tangkuban Parahu dan lenyap seketika
Sepasang sepatu keemasan milik bidadari
tertinggal di atas panggung

Hingga berabad, tak satu orang Priangan pun
tahu ke mana mereka menghilang

환상 속의 운명

여기 바다와 숨을 같이 쉬고 있는 호숫가에
매의 눈을 한 청년을 사랑하게 되어
하늘로 돌아가지 못한 한 천사가 있었지요

그런 금단의 사랑을 사람들은 손가락질했고
천사는 끝내 쫓겨나듯 호숫가를 떠났지요
부러진 왼쪽 날개를 남겨 놓은 채

그렇게 세월은 호수 위를 지나갔고
벚꽃은 피었다가 사라져 갔지요

결국, 피 빛 그리움 끝자락에서 청년은
천사의 부러진 왼쪽 날개를 한 손에 들고
천사가 사라진 남쪽 수평선 너머로 떠나갔지요

끝없이 이어지는 바다와 섬, 그리고 적도를 지나,
청년은 먼 자바, 쁘리앙안 땅, 앙끌룽과 께차피 소리가
어울리는 와양 골렉 무대 위에서

이미 일곱 아이의 어미가 된 천사를 힘들게 만났지요

길을 막는 골렉을 헤치며 무대 위로 걸어 올라가
회한의 눈물 속에 천사를 안고 왼쪽 날개를
단단히 붙여 주었지요

그리곤 천사의 일곱 어린 아이들을 품에 안고
둘은 땅구반 빠라후 산 너머로 날아 사라져 갔지요
천사의 금빛 신발 한 켤레만 무대 위에 남기고

지금도 쁘리앙안 사람들은 어느 누구도
그들이 사라져 간 곳을 모른다고 하지요

* 쁘리앙안(Priangan) : 인도네시아 서부 자바(Java) 지역의 다른 이름
* 앙끌룽(angklung) : 서부 자바의 대나무로 만든 민속 악기
* 께차피(kecapi) : 서부 자바의 민속 현악기
* 와양 골렉(wayang golek) : 나무 인형으로 공연하는 서부 자바 전통 연극
* 땅구반 빠라후(Tangkuban Parahu) : 서부 자바, 반둥(Bandung) 인근에 있는 산(山)

Senny Suzanna Alwasilah
센니 수잔나 알와실라

자카르타와 서울 사이

시詩 속에서 자카르타를 이미 멀리 남겨 놓았을 때
나는 8월의 폭염 속, 당신의 나라에 왔지요
당신이 태어난 땅에 내가 탄 비행기 바퀴가 닿았을 때
조용했던 당신의 눈은 잠시 빛을 발했지만
연극이 끝나 조명이 꺼진 무대처럼 다시 어두워졌지요

펄펄 끓는 무더위 속 당신의 나라에서는
아잔을 들을 수 없었지요
서울은 마치 불덩어리 같아
살갗은 후라이팬 속 생선같이 부풀어 오르고
검게 탄 살점들은 게걸스럽게 입안으로 사라졌지요

신神을 잊고 있는 한 남자가
맹렬한 햇볕 속에
공허한 자신을 향해 허겁지겁 걸어 가고 있었지요

"여보세요, 강물이 흐르는 시원한 그곳으로 당신은 초

대반기를 원하나요?"

 * 아잔(Adzan) : 이슬람교도들의 기도 시간을 알리는 소리
 * 강물이 흐르는 시원한 그곳 : 이슬람에서 말하는 천국을 의미

ANTARA JAKARTA DAN SEOUL

Aku tiba di negerimu yang terik di bulan Agustus
saat Jakarta telah jauh kutinggalkan dalam larik-larik sajak
Sejenak matamu yang sunyi berkelip kala roda pesawatku menyentuh tanah leluhurmu
lalu meredup kembali semisal lampu panggung saat sandiwara usai

Di negerimu yang memanggang
tak ada kumandang adzan di pendengaran
Seoul serupa bola api
kulit-kulit melepuh seperti ikan di penggorengan
Daging-daging hangus dilahap dengan rakus

Seorang lelaki tergopoh menuju dirinya sendiri yang hampa
Tanpa Tuhan
Di tengah panas yang membara

"*Yeo Bo Se Yo*, maukah kau kuajak ke suatu tempat sejuk,

yang di bawahnya mengalir sungai-sungai?"

* *Yeo Bo Se Yo* : Panggilan untuk seseorang, atau kata permisi dalam bahasa Korea
* Tempat yang sejuk yang di bawahnya mengalir sungai-sungai : Adalah Surga menurut pandangan agama Islam

첫 새벽의 단편斷片

당신의 눈 덮인 마음의 뜰에
연필로 한 줄의 기도를 씁니다
흐릿한 달, 돌처럼 얼은 한강 위에서
종종걸음을 재촉하는 영혼처럼
신神을 모르는
당신의 텅 빈 접시에 담기 위해
성스러운 구절을 인용하면서

금이 간 그릇에 있는 몽타주로 내게 온,
당신은 두려운 계절에서 온 손님
그러나 나는 하늘로 오르는 남은 여정旅程의 달에
당신을 향한 알라의 사랑을 글자로 새기며
희망이 넘치는 봄을 그리움과 함께 기다립니다

어렴풋이 내 마음속에서 신을 찬양하는
아잔이 울려 퍼지기 시작합니다

* 아잔(Adzan) : 이슬람교에서 기도시간을 알리는 소리

FRAGMEN DI SEPERTIGA MALAM

Aku menulis sebait doa
di pelataran hatimu yang diselimuti salju
dengan pinsil serupa jiwa yang bergegas melangkah
menembus es yang membatu di sepanjang Sungai *Han* di remang bulan
Kupetik ayat-ayat suci dalam dingin
untuk disuguhkan di piringmu yang hampa seakan tanpa Tuhan

Kau adalah tamu yang datang dari sebuah musim yang gamang
yang mengirimku kolase bejana retak
tapi aku kembali mengemasnya di sisa perjalanan bulan naik ke atas langit
sambil kupahat waktu untuk mengeja cinta-Nya
dengan kerinduan akan musim semi yang penuh pengharapan

Samar-samar, adzan dalam hatiku berkumandang menyongsong Tuhan

* -Nya : Sebutan untuk Tuhan
* Adzan : Panggilan untuk melaksanakan sholat
* Sungai *Han* : Suatu sungai di Korea

정동진 해변의 기도

강릉 근처에 있는 하얀 백사장 정동진 해변에서
당신을 향해 나는 걸어가고 있어요
부서지는 파도 거품에 그리움을 담으며
갈매기 떼는 가볍게 날며 고기들을 쫓고
한 줄로 늘어선 보라빛 구름은 흔들리며
오후를 마감하고 있지요

이 해변에서 아름답게 달려나갔던 고현정처럼
당신과 함께 한 그리운 추억이 있지요
당신과 내가 불렀던
순결한 시 구절은
내 폐부 깊은 곳에 아직 자리하고 있지요

정동진 해변가 소나무 밑에서 나는 기도하지요
저 깊은 바다속에 좌초된
내 영혼 같은 사람을 다시 만날 수 있기를

DOA DI PANTAI *JEONG DONG JIN*

Di Pantai *Jeong Dong Jin* yang berpasir putih di Kota *Gang Neung*
aku meniti jalan menujumu
sambil kurapikan rindu yang berserak di buih ombak
Burung-burung *gal mae gi* menari riang mencumbu ikan
sebarisan awan lembayung melenggang
menghampiri rembang petang

cantiknya Miss *Ko Hyon Jeong* saat berlarian di pantai ini
mirip hatiku yang molek saat beradu rindu denganmu
Degup jantungku berirama syahdu
seperti alunan ayat suci yang merdu
yang pernah kulantunkan dulu saat berdua denganmu

Di Pantai *Jeong Dong Jin*
di bawah pohon *so na mu* aku berdoa
menemukan kembali sukmaku
yang karam ke dasar samudera

* *Jeong Dong Jin* : Nama sebuah daerah pantai dekat kota *Gang Neung*, propinsi *Gangwon*, Korea
* Burung *gal mae gi* : Camar
* Miss *Ko Hyon Jeong* : Bintang film Korea Selatan
* Pohon *so na mu* : Pinus

바다를 바라보고 있는 속초

바다를 바라보고 있는 도시 변두리,
'아바이' 마을로 어느새 내 발은 걸어가고 있어지요
하늘이 황색 노을로 비낄 때,
나는 그곳에서 백세 나이의 노인을 만나
슬픈 안개 속 그의 마음을 들었지요
군사분계선 너머 북녘에 있는
아주 오래전 헤어진 그의 아내를
그는 아직도 그리워하고 있음을
그렇게 수평선 너머로 점점 여백이 사라지는 희망을
그는 남아 있는 기억으로 붙들고 있었지요
희망이 바람으로 변해 북녘으로 날아가
마음속 연인을 만나기를 바라면서

그날 오후 햇볕은
멍든 가슴에 숨겨져 있는 오랜 상처에서
스며 나오는 고름 덩어리처럼
영랑호 수면 위에서 황색으로 반사되고 있어지요

* '아바이' 마을 : 속초에 있는 북한에서 피난 온 실향민 마을 이름
* 영랑호 : 속초에 있는 호수 이름

KOTA *SOKCHO* YANG MEMANDANG LAUT

Kulangkahkan kaki menuju kampung *Abai*
di pinggiran kota yang memandang laut
Di sapuan langit jingga aku bertemu pria berumur seratus tahun
Hatinya diselimuti kabut pilu
Ia rindu istri di seberang utara Garis Demilitarisasi
yang telah terpisah puluhan dasawarsa
Ia menerbangkan ingatannya ke cakrawala pada harap yang makin pias
Ingin ia menjelma angin dan bertiup ke arah utara
untuk menjumpai pujaan hatinya

Di awal petang mentari memantulkan cahaya jingga
di permukaan air danau *Youngrang*
pantulannya bagai genangan nanah dari luka menahun
seperti yang juga bersemayam di dadanya yang lebam

* Kota *Sokcho* : Sebuah kota di pantai laut Timur, Propinsi *Gangwon*, Korea
* Kampung *Abai* : Sebuah kampung pengungsi dari Korea Utara akibat pecahnya Perang Korea(1950-1953)
* Danau *Youngrang* : Sebuah danau di kota *Sokcho*

선녀仙女라는 이름의 처녀

한국에서 온 선녀仙女라는 이름의 여대생이
인도네시아정부 장학금을 받고
열대 채소 경작법을 배우기 위해서
쁘리앙안 땅을 밟았지요,
시나브로 네 번 보름달이 뜨고 진 후
거역할 수 없는 운명처럼
초승달 같은 눈에 대리석같이 하얀 살결의 그녀는
농과대학을 나와 젊은 농부 모임을 이끄는
남南 반둥 출신에 감자 농사를 짓는
잘생긴 청년, 마만(Maman)을 사랑하게 되었지요

　선녀는 마만의 햇볕에 검게 그을린 피부를 좋아했고
　매의 눈매를 갖고 있는 마만은 그녀의 마음을 뒤흔들었지요
　그녀는 마만이 다가오면 늘 평온함을 느꼈고
　무뚝뚝한 마만의 말 한마디는 그녀의 영혼을 녹이는 힘이 있었지요
　그녀는 장학 기간이 다 끝나도록 돌아갈 생각을 하지

않았고
　오래도록 쁘리앙안에서 살기를 원했지요

　마맘도 첫눈에 선녀를 사랑하게 되었지만
　그 마음은 한 알의 진주처럼 오롯이 가슴 깊이 감추고 있었을 뿐,
　"졸업을 하면 당신과 결혼을 하고 싶어요."
　어느 날, 빨갛게 뺨을 물들이며 선녀가 수줍게 속삭였고
　그 속삭임은 마만의 가슴 깊은 곳까지 메아리쳐 울렸지요
　"당신은 신을 믿지 않고,
　나는 무슬림이니 그렇게 할 수 없어요.
　이슬람을 믿는 처녀와 나는 결혼할 수밖에 없어요."
　선녀는 마음은 큰 상처를 받았지요
　울며 달려나가며 힘 없이 고개 숙인 마만 곁을 떠났지요
　단지 마만의 마음만이 뒤쫓아 가면서, 선녀를 끌어안고
　그녀의 눈물을 닦아줄 뿐이었지요

　그 후, 마만은 뺨에 보조개 있고
　대리석 같은 피부를 갖고 있는 그녀를 본 적이 없었지

요
　마만을 끝내 만나기 원치 않던
　선녀는 서울로 돌아갔고
　그렇게 춥고, 먼 나라에서 온 천사를 그리워하는
　마만의 마음은 무너져 내렸지요

　그동안 보름달이 얼마나 많이 뜨고 졌는지 모릅니다

　성스러운 라마단 달, 어느 날 저녁 기도 시간 가까이에
　마만의 집 문을 두드리는 소리가 들렸고
　이어 문을 열었을 때, 마만의 눈은
　순간, 시력을 잃어버리는 것처럼
　모든 것이 캄캄한 암흑 속으로 사라져 갔지요
　문 앞에는 순백의 꺼루둥을 한, 한 처녀가 서 있었지요
　아름다운 미소와 함께
　부드러운 목소리로 그녀는 속삭였지요
　"마만, 학교 공부도 마쳤고 사원 지도자의 안내를 받아 두 줄의 신앙고백을 마쳤어요."
　"이제 나도 무슬림이에요."
　"자, 이제 나와 결혼을 할 수 있나요?"
　이때

마만의 집안으로부터
멀리서 들려오는 사원의 아잔 소리와 뒤섞인
아이의 울음소리가 들려왔지요
"알라는 위대하다, 알라는 위대하다."

* 쁘리앙안(Priangan) : 인도네시아 서부 자바(Java)의 다른 이름
* 반둥(Bandung) : 서부 자바의 주도(州都)
* 라마단(Ramadhan) : 이슬람교도들의 금식월(禁食月)
* 아잔(Adzan) : 이슬람 교도들 기도시간을 알리는 소리
* 꺼루둥(kerudung) : 인도네시아 여성 무슬림들이 착용하는 머리를 가리는 천

GADIS BERNAMA *SEON NYE*

Seon Nye, seorang mahasiswi dari Korea
Menginjakkan kakinya di tanah Priangan
Belajar bertani sayuran tropikal
dengan beasiswa dari pemerintah Indonesia
Setelah empat pergantian purnama
bagaikan takdir yang mustahil dapat dielakkan
Si gadis bermata sipit, berkulit putih seperti pualam,
mencintai Kang Maman yang tampan,
petani kentang di Bandung Selatan,
ketua Komunitas Petani Muda,
sarjana lulusan pertanian

Seon Nye menyukai kulit Kang Maman
yang gelap terbakar matahari,
Kang Maman yang bermata elang begitu memesona hatinya
Ia selalu merasa aman berada di dekat Kang Maman
Walaupun tampak angkuh,

tutur kata Kang Maman mampu melelehkan jiwanya

Si gadis tidak mau pulang walau beasiswanya sudah habis

Ia ingin selamanya tinggal di tanah Priangan

Kang Maman mencintai *Seon Nye* pada pandangan pertama

tapi cintanya hanya disimpan di dalam hati yang paling dalam

sebagai sebutir Mutiara

"Menikahlah denganku, Kang."

Bisik *Seon Nye* dengan pipi yang merona, suatu hari

Bisikan itu bergema di dasar kalbu Kang Maman

Hati Kang Maman ingin mengiyakan, tapi mulutnya mengatakan lain

"Akang seorang Muslim,

Neng tidak punya agama

Jodoh akang haruslah seorang gadis Muslimah."

Seon Nye yang terluka hatinya,

berlari, menangis, dan meninggalkan kang Maman yang tertunduk lesu,

hanya hati Kang Maman saja yang mampu mengejar,

memeluk, dan
   menghapus air mata *Seon Nye*

   Sejak itu kang Maman tidak pernah melihat gadis pualam
   yang punya lesung di pipinya
   Seon Nye pulang ke Seoul
   tanpa mau bertemu dengannya lagi
   Hancur hati Kang Maman merindukan bidadari
   yang datang dari negeri jauh

Entah berapa puluh purnama berlalu⋯

Menjelang maghrib di bulan Ramadhan,
ada ketukan di pintu rumah Kang Maman
Ketika pintu terbuka, mata Kang Maman
seketika seperti kehilangan daya penglihatan,
semuanya lenyap ke dalam gelap gulita
Di hadapannya, seorang gadis berkerudung putih
berdiri tersenyum manis
berbisik lembut,
   "Kang Maman, aku sudah dipandu oleh seorang ustadz

untuk melafalkan dua kalimat syahadat."

"Aku Muslimah."

"Sekarang maukah kau menikah denganku?"

Samar-samar dari dalam rumah Kang Maman terdengar suara tangisan bayi

berbaur dengan suara adzan maghrib dari masjid yang jauh

"Allahu Akbar,

Allahu Akbar"

* *Seon Nye* : Artinya bidadari dalam bahasa Korea

이태원 회교 사원으로 비를 피한 사람

이태원에 있는 웅장한 사원에서
마치 솔라왓이 내 마음을 적시듯
비는 거리에 흩뿌려지는데

사원을 향한 고개마루 좁은 길,
드지끼르 비탈길을 따라
사람들은 걸어 오르고 있다
위대한 알라의 이름을 찬양하면서

그런데, 지금 사원 창 밖에서
비를 피하고 있는 사람은 누구인가?
애초에 신이 없다던 저 사람 마음에도
지금 아잔이 울려 퍼지고 있는데

 * 솔라왓(Solawat) : 이슬람교의 기도와 찬양
 * 드지끼르(Dzikir) : 계속해서 마음으로 또는 소리 내어 알라를 찬양
 * 아잔(Adzan) : 이슬람교도들의 기도시간을 알려주는 소리

YANG BERTEDUH DI MESJID *ITAEWON*

Hujan mengguyur jalan
Seperti sholawat mengguyur batinku
di kemegahan Mesjid *Itaewon*

Orang-orang menempuh tanjakan dzikir,
Berliku jalan sempit berbukit
menuju mesjid
Menyemarakkan keagungan Illahi

Lalu, siapa itu di luar jendela
Berteduh dari hujan?
Bergema adzan di ruang jiwanya
yang semula tanpa Tuhan

---

* *Itaewon* : Salah satu nama daerah di kota Seoul, Korea

만해마을에 비 내리고
- 만해문학축전에서

  오후부터 늦은 밤까지 비는 만해마을을 적시고 있었다
  가슴을 크게 열고 외친 시 구절에 천둥소리는 화답을 하고
  시어(詩) 하나하나는 빗소리와 함께 계속 흘러 갔다

어느새 시인들은 각자의 방으로 돌아 가고
축제의 무대만이 쓸쓸하게 홀로 남겨졌는데
밤은 슬픈 신음처럼 내리는 비와 함께 깊어만 갔다
심장을 파고들던
민족의 비애를 노래한
피맺힌 만해의 절규처럼

마을 앞 내리천 물은 점점 거세어져 가며
이유 모를 불안을 씻어 내리고 있었다
차가워진 밤공기 속, 나는 방 창문을 열고
보이지 않는 만해에게 외쳤다
"분노도 시(詩)가 되는지 알고 싶어요!"

침묵의 만해는 번개처럼 재빨리 시선을 돌릴 뿐,
멀리서 하이릴 안와르의 영웅적인 시 한 구절이 들려오고 있었다

여기 까라왕-버까시 사이에
먼지에 뒤 덮여 뼈만 남아 누워 있는
수천의 우리를 기억해다오

점점 불어나 넘실대는 내린천 물소리와 함께

* 내린천 : 만해마을 앞을 흐르는 소양강 지류 이름
* 하이릴 안와르(Chairil Anwar) : Penyair Indonesia(1922-1949)
* 까라왕(Karawang), 버까시(Bekasi) : 인도네시아 서부 자바(Java)에 있는 지역 이름

HUJAN DI KAMPUNG *MANHAE*
- dari Festival Sastra *Manhae*

Hujan mengguyur kampung *Manhae* sejak sore hingga larut malam
Gemuruhnya bersahutan dengan puisi-puisi
yang dijeritkan hati yang menganga
Bait demi bait puisi terus mengalir seiring erangan hujan

Para penyair telah kembali ke kamar masing-masing
Tinggallah panggung festival yang pucat sendirian
malam terjebak dalam hujan yang memekikkan kepiluan
seperti pekikan *Manhae* yang berdarah
menghujam jantung
meratapi kesakitan bangsa

Arus sungai *Naerin* di hadapan kampung semakin deras
menyempurnakan gelisah

Dalam dingin kubuka jendela kamar
kuteriakan pada *Manhae*,
"Apakah amarah bisa menjadi puisi?"
Manhae hanya berkelebat secepat kilat
Dari kejauhan, samar-samar terdengar *Chairil Anwar*
meneriakkan sepenggal puisi heroik,

kenang-kenanglah kami
yang tinggal tulang-tulang diliputi debu
beribu kami terbaring
antara Karawang-Bekasi

teriakannya bergulung dengan deru air sungai yang semakin meluap

* Kampung *Manhae* : Didirikan untuk melestarikan semangat dan jiwa *Han Yong Woon* (1879-1944) dengan nama samaran : *Manhae*. Seorang biksu, penyair, pejuang kemerdekaan bangsa Korea
* Sungai *Naerin* : Ada di daerah *Inje*, Propinsi *Gangwon*, Korea
* Festival Sastra *Manhae* : Sebuah festival sastra di Korea untuk melestarikan dunia sastra *Han Yong Woon* dengan nama samaran : *Manhae*
* *Chairil Anwar* (1922-1949) : Penyair Indonesia

서울의 황색 석양

　서울의 철근 콘크리트 건물들은 종아리 철책처럼 줄지어 서있고
　유리창에 되비친 햇볕은
　비수처럼 날카롭게 빛나고 있다

　하늘로 치솟은 황색 빌딩은
　지친 얼굴의 수많은 사람들을
　위장胃腸에서 큰길로 토해내고

　저녁 기도를 알리는 아잔은 들리지 않아도
　모두가 급히 서둘러 돌아가고,
　어떤 무리들은 설탕 덩어리에 몰리는 개미처럼
　지하 통로로 떠밀려 들어가고 있었다

　피곤한 석양은 천천히 흐르고
　태양은 이내 높은 빌딩 사이로 사라졌다
　서울 하늘이 갑자기 쓸쓸함이 숨겨져 있는 휘장을
　조용히 치기 시작했다

* 아잔(Adzan) : 이슬람교에서 기도 시간을 알리는 소리

JINGGA SENJA DI KOTA SEOUL

Bangunan besi beton berjajar di kota Seoul bagai pagar betis
Mentari memantulkan cahaya di jendela-jendela kaca
kilaunya tajam seperti belati

Gedung pencakar langit berwarna jingga
memuntahkan ribuan manusia
dari dalam lambungnya ke jalan raya
dengan wajah letih

Meski tak terdengar Adzan Magrib
semua bergegas pulang dengan tergesa
Sebagian berdesak-desakan di terowongan bawah tanah
bagaikan semut mengerumuni gula

Senja mulai beranjak dengan lelah
Matahari hilang di sela-sela gedung tinggi

Seketika langit kota Seoul menurunkan tabir
dalam hening yang menyembunyikan getir

상처의 흔적

오후에 매운 김치 한 종지를 맛보고
당신의 지난날을 듣기 위해
커피점을 찾았지요

일기장에 고독이 빼곡히 들어찬 당신,
우울한 이야기의 한 장이었지요
당신의 몸은 지금 남녘에, 그러나 마음은 북녘에 있어
상처를
슬픔을
눈물을 남겼지요

술 한잔에 상처의 흔적을 희미하게 지울 수 있나요?
그러나 술에 취하진 마세요
녹아 사라지는 시간 흐름 속에서
당신은 마음과의 약속을 지켜야 하기 때문에

SISA LUKA

Suguhi aku
semangkuk *kimchi* yang pedas
untuk kusantap sore hari
lalu ajak aku ke kedai kopi
untuk menyesap masa lalumu

engkau yang disergap kesunyian di catatan harian
adalah bagian dari cerita suram
ragamu di selatan sedang hatimu di utara
menyisakan luka
nestapa
air mata

Kau meredam sisa luka dengan segelas anggur?
Jangan mabuk
karena di leburan catatan waktu
kau harus membayar janji hatimu

* *Kimchi* : Sejenis asinan tradisional Korea

OLIVE YOUNG

아름다운 서울,
일렬로 나란히 하늘 높이 솟구친 빌딩 사이에
화장품 상점인 Olive Young이 있지요
그 상점 안에는 다양한 상표의 피부 미용 제품이
반짝이면서
늙기를 거부하는 여성들 마음을 녹이고 있지요
약속하고
제안하고
유혹하고
강요하고
심지어는 위협까지 하면서
이제 몇 살이 되었는지 전혀 생각하지 않고
더 예뻐지고, 더 희어지고, 더 생기 있게
그리고 더 젊게 보이려는
여성들 마음을 헤집고 있지요

이제 피부가 거칠어지고, 건조해지고 주름진 나이든 여성들도

'Young'이기에 언제까지나 늙지 않은 Olive상점 안에서
화장품 고르기에 여념이 없지요
Tightening Collagen Serum
Vitamin C Dark Spot Care
Green Tea Enzyme Brightening Serum
Pore Refining Ampoule
Nourishing Shining Tone up,
Dive in Mask
Real Nature Mask Royal Jelly
Clear Shooting Foam
Green Deep Foaming Scrub
그녀들은 지갑 속에 돈이 얼마나 남아 있는지는 전혀 생각하지 않고
예뻐지려는 욕망의 손으로
서로 달려들고, 움켜쥐려고 하지요

그때, 어디에서 왔는지 모르는 한 여성이
상점 종업원에게 다가와 물었지요
"예뻐지게 하는 세럼이 있나요?"
종업원은 그 말의 뜻을 알지 못했지요
왜냐면, 여성은 자기 심장이 있는 가슴을 가리켰기에

OLIVE YOUNG

Di kota Seoul yang indah
Di antara deretan bangunan-bangunan yang menjulang
ada sebuah toko kosmetik: Olive Young
Di toko itu berderet produk-produk *skin care* berbagai merk
Semua menjanjikan,
menawarkan,
mengiming-imingi
memprovokasi
mengintimidasi
melelehkan hati para perempuan yang menolak tua
Perempuan yang ingin wajahnya cantik, putih, *glowing*, dan awet muda
tanpa khawatir telah mencapai angka berapa usianya

Perempuan tua dengan kulit kasar, kusam, dan berkerut

sibuk berebut produk-produk di dalam toko Olive
yang tidak pernah menua selama-lamanya
karena Olive selalu Young:
Tightening Collagen Serum
Vitamin C Dark Spot Care
Green Tea Enzyme Brightening Serum
Pore Refining Ampoule
Nourishing Shining Tone up,
Dive in Mask
Real Nature Mask Royal Jelly
Clear Shooting Foam
Green Deep Foaming Scrub
direbut, diserbu, diterjang, diterkam

tangan-tangan perempuan yang berhasrat menjadikan dirinya lebih cantik

tanpa mempertimbangkan berapa uang yang ada di dompetnya

Namun, seorang perempuan yang baru tiba dari entah

menghampiri pelayan dan bertanya,

"Adakah serum yang bisa mempercantik⋯"

Pelayan itu tak mengerti

sebab perempuan itu menunjuk hatinya

남대문 시장

　남대문 시장은
　소란스러운 거대한 연극 무대처럼 사람들이 오고 가고
　북소리가 내 귀청을 때리는 것처럼
　상인들은 소리치며 물건을 파느라 여념이 없다
　사는 사람들은 군것질 값 달라고 보채는 아이가 되어
　물건값을 깎고
　모든 것들이 뜨거운 8월의 열기 속에서 뒤엉켜 있다

　남대문 시장에는 멋진 '강남 스타일'은 없지만
　매혹적인 미모의 여성처럼
　사람들의 호주머니 속을 유혹하고 빨아내는 마술의 힘을 갖고 있다

　이제 주름지고 늙어가는 남대문 시장이지만
　혼자만의 '시장 스타일'이 있어
　폭염의 햇볕이 내리 쏟아붓고 있지만
　언제나 그 미모를 보여 주고 있기에 두렵지 않다

남대문 시장에서
　한 보따리 피부미용 화장품을 허겁지겁 사가지고
　생기 발랄한 피부, 그리고 영원히 젊어질 것이라는 유혹에 빠져든다
　(설화 속 아름다운 순다 여성인 다양 숨비(Dayang Sumbi)의 미소가
　녹초가 되어 가는 내 바쁜 발걸음 속에 스며들고 있었다)

　　* 순다(Sunda) : 인도네시아 서부 자바(Java)의 다른 이름
　　* 다양 숨비(Dayang Sumbi) : 인도네시아 서부 자바(Java) 설화 중 하나인 땅구반 빠라후(Tangkuban Parahu) 이야기에 나오는 아름다운 여성의 이름

PASAR *NAMDAEMUN*

Di pasar *Namdaemun*
lalu-lalang orang seperti sandiwara kolosal yang berisik
Para penjual ramai menawarkan dagangannya
Menusuk-nusuk gendang telingaku
Pembeli menawar seperti anak kecil merengek minta uang jajan
Semua hiruk pikuk dalam gelombang panas bulan Agustus

Tak ada '*Gangnam Style*' yang memolesi pasar Namdaemun
tapi ia bagai wanita pesolek cantik dengan pesona menawan
yang kekuatan magisnya mampu menggoda
dan menyedot kocek banyak orang

Pasar Namdaemun dalam usia senja dan keriput

tak takut dengan *'Pasar Style'* saingannya

Ia senantiasa tampil molek walau di tengah siraman sang surya yang ganas

Di pasar *Namdaemun* aku jalan tergopoh membawa sekarung skin care

terjerat iming-iming kulit *glowing* dan *stay young forever*

(Senyum Dayang Sumbi dalam mitos kecantikan perempuan Sunda

berkelebatan dalam langkahku

Rontaannya tak kuasa kutahan hingga merasuki pembuluh darahku)

* *Pasar Namdaemun* : Sebuah pasar umum di pusat kota Seoul, Korea
* Dayang Sumbi : Seorang Wanita yang cantik dalam Cerita Gunung Tangkuban Parahu

수타사에서 기도하는 여성

적막 한 움큼을 쥐고 있는 수타사에
나는 스며들고 있었다
불상 앞에 무릎 꿇고 앉은
황혼 녘 여성의 기도 소리와 긴 한숨을
향불이 실어 나르면
어느새 그녀의 눈은 새로운 희망을 재빨리 쫓는다

여름의 햇볕은
침묵의 석탑을 녹이고
배고픈 한 떼의 매미들은
점심을 달라고 소리 지르고 있었다

조용한 도량 안에서
준준안 알람을 칭송하는 소리가 메아리쳐
들려오는 것 같아
내 몸은 카바 성전 앞에 동상처럼 서 있게 되고
하늘로 올린 내 두 손은 기도를 올리기 시작한다

추녀 끝 작은 풍경이 바람 따라 춤을 추기 시작하는데

* 수타사 : 강원도 홍천에 있는 사찰
* 준준안 알람(Junjunan Alam) : 이슬람교 예언자 모하메드(Muhammad)를 의미
* 카바 (Ka'bah) : 사우디 아라비아 메카(Mecca)에 위치한 이슬람 최고의 성전

PEREMPUAN YANG BERDO' A DI KUIL *SUTA*

Aku tersekap di kuil *Suta*
ditemani setangkup sunyi
Asap dupa menghantar doa seorang perempuan di ujung senja
yang bersimpuh di hadapan Sang Budha
menitipkan keluh
di matanya berkelebat pengharapan baru

Sinar mentari musim panas
melelehkan pagoda yang membisu
kawanan jengkrik yang kelaparan
berteriak-teriak meminta jatah makan siang

Di pekarangan kuil yang lengang
aku seakan mendengar
gema sholawat digaungkan dinding-dinding jagat
mengagungkan Junjunan Alam
Tubuhku terasa mematung di depan Ka' bah

melangitkan doa dengan tangan tengadah

Sebuah lonceng kecil di sudut kuil menari digoyang angin

* Kuil *Suta* : Sebuah kuil Budha di Propinsi Gangwon, Korea
* Junjunan Alam : Nabi Muhammad saw.

한잔의 커피에 그리움을

추운 빗속 떨리는 몸을 따스하게 만드는 한잔의 커피
얼어붙는 추위에도 당신은 찬 커피를 더 좋아하지요
그런 아이스 커피를 당신은 감동이라고 말하지만
바로 그것만이 내가 당신의 세계를 아직 모르는 부분이에요
그러나 상관없어요
이 차이는 숨김 없는 서로의 마음속에서,
한잔의 커피 속에서 이미 하나가 되었으니

한 모금, 한 모금, 우리 둘은 커피를 즐기지요
이야기를 서로 주고받으며
한순간, 한순간, 우리들의 남은 삶의 시간을 보내며
당신은 남은 커피에 내 눈물을 더하겠지요

무르익는 황혼 녘
내일로 향한 창문을 바라보고 앉아
나는 땅구반 빠라후산에 눈길을 돌리고
당신은 하얀 눈이 쌓였을 것이라고 생각하는

하늘 높이 솟은 설악산을 생각하고 있지요

마지막 한 모금 커피를 넘길 때
갑자기 내 가슴을 그리움 같은 것이 치겠지요

* 땅구반 빠라후(Tangkuban Parahu)산 : 인도네시아 서부 자바(Java)에 있는 산

RINDU PADA SETEGUK KOPI

Seteguk kopi panas menghangatkan gigilku di dingin hujan
Kau lebih suka es kopi yang kau nikmati di cuaca yang membeku
Kau bilang es kopi serupa sensasi
Itulah yang aku belum mengerti tentang duniamu
Tapi tak apalah,
Dua perbedaan dalam kesejatian rasa telah disatukan pada secangkir kopi

Teguk demi teguk kita nikmati kopi berdua
Sesekali kita berpapasan dalam cerita
Detik demi detik kita habiskan sisa perjalanan usia
Pada kopimu kau hapus sisa air mataku

Di ranumnya senjakala
Kita duduk menatap jendela masa
Aku menghujamkan pandangan pada gunung

Tangkuban Parahu
Sementara kau menafsirkan dingin salju putih
yang menyelimuti gunung *Seorak* yang membentang

Ditegukan terakhir kopiku
rasa serupa rindu tiba-tiba menghantam dadaku

* Gunung Tangkuban Parahu : Gunung di Jawa Barat Indonesia
* Gunung *Seorak* : Gunung di Korea Selatan

남이섬의 시詩

북한강 물가에
형형색색 무성한 나뭇잎에 저녁노을이 뿌려지고
슬픈 가을이 서둘러 내릴 때
한 무리의 젊은 연인들이 손에 손을 잡고
그들 마음의 찬란한 빛을 따라 걷는다

마치 휘황찬란한 사랑의 시詩 행진처럼
줄지어 늘어선 메타세콰이어 오솔길을 지나
두 연인은 강물에 열쇠를 던지며
그들 사랑이 영원하기를 기도한다
바람은 한 잎, 한 잎 떨어져 내 마음에서 사라지는
붉은 단풍나무를 애무하고 있는데

이제 때가 되었다
그 누구 하나 없던 공허한 나의 날들을 이제 놓아 보내며
하나의 사랑을 위해 단 하나의 열쇠를
가을이 아름다운 남이섬에 던져 맡긴다

하얀 두 마리 비둘기가 날아
사랑에 취한 마음들과 함께 남이섬 위를 지나간다

   * 메타세콰이어 : Metasequoia

PUISI DI PULAU *NAMI*

Di tepi Sungai *Bukhan*
Sinar senja sirami rimbun daun warna warni
Saat musim gugur yang sendu turun dengan tergesa
segerombol muda mudi bergandeng mesra
menjelajahi cahaya yang berserakan di hati mereka

di jalan setapak berderet pohon *dawn redwood*
seperti parade puisi yang gempita asmara
dua pecinta melemparkan kunci ke sungai
sambil mendoakan cinta abadinya
Angin mencumbu daun maple merah yang rontok satu-satu
Lalu berguguran di kalbuku

Sudah tiba saatnya
kulepaskan hari-hariku yang hampa tanpa siapa
lalu satu kunci kulempar untuk satu cintaku
dan kutitipkan di pulau *Nami* di indahnya musim

gugur

Dua ekor burung merpati putih terbang melintasi pulau *Nami* bersama jiwa-jiwa yang terperangkap cinta

* Pulau *Nami* : Sebuah pulau di tengah sungai *Bukhan*, Korea Propinsi *Gangwon*, Korea
* Sungai *Bukhan* : Salah satu anak sungai *Han*, Korea i
* *Dawn redwood* : *Metasequoia*

기도의 스탠자

당신을 초대하기 위해 기도하며
나는 한편의 스탠자를 쓰고 있지요
그러나 자연은 신의 섭리를 따르니
기도를 한다고 아무 소용없고
단지 신의 머리만 복잡하게 만들 뿐이라고
당신은 말을 하지요

여보세요, 나는 농담을 하지 않아요 라고, 카카오톡을 통해 내가 말했지요
설악산도 스스로 신에게 순종한다고 인정했는데,
그것이 바로 신을 따르는 길을 암시하는 것이 아닌가요

답변이 없었다

그러나 신은 첫 새벽에 내게 대답하였다

STANZA DOA

Kutulis sebuah stanza
untuk mengajakmu berdoa
Namun kau berkata,
alam semesta akan melakukan mandat Tuhan
Buat apa berdoa
Hanya akan membuat pusing kepala Tuhan

Hei, aku tak berkelakar, ucapku lewat *kakao* talk
Tahukah bahwa Gunung *Seorak* telah membaiat dirinya
untuk setia pada Tuhan
Bukankah itu isyarat untuk menempuh jalan makrifat?

Tak ada jawaban

Tapi Tuhan menjawabku di sepertiga malam

* *kakao talk* : Aplikasi pesan yang dipergunakan di Korea
* Gunung *Seorak* : Sebuah gunung di Propinsi *Gangwon*, Korea
* Makrifat : Ilmu dalam mengenal Tuhan
* Baiat : Perjanjian untuk taat

그리움의 단시短詩

당신이 쓸쓸한 학사평을 향해 떠난 후
거센 바람은 내 가슴을 쳤지요
내 마음은 그리움의 단시短詩를 읊조렸고
하늘은 포옹을 풀고
내 발걸음을 위해 밤의 출입문을 닫았지요
그러나 나는 같이 보름달을 움켜잡자는
남은 약속을 지켜야 하겠기에
내 자신을 향해 종종걸음을 쳤지요
나는 당신을 찾기 위해 수많은 시간을 보냈고
온 힘을 다해 계속 달렸왔지요
영랑호가 순식간에 회색으로 변했지만,
그리움을 토해내는 설악산 발밑, 봄의 가장자리를 따르면서

내가 텅 빈 공허를 만났을 때
바로 알았지요, 나는 단지 당신의 하인임을,
그리고 순수한 그리움의 대상이라는 것을
이제 공허함이 마음속 깊은 곳에서 찬란한 빛으로 변

하고
　우두물이 뿌려진 얼굴처럼 빛이 났지요

* 학사평 : 속초 인근, 설악산 아래에 있는 넓은 들판
* 영랑호 : 속초에 있는 호수 이름
* 우두(wudhu) : 이슬람교도들이 기도하기 전, 신체를 씻는 물

GURINDAM RINDU

Sejak dirimu pergi menuju *Hak Sa Pyong* yang sepi
angin kencang mengoyak dadaku
Hatiku menggumamkan gurindam rindu
Langit pun seakan melepaskan pelukan
dan menutup gerbang malam bagi jalanku

Aku bergegas menuju diri sendiri
Namun harus kulunasi sisa janji
untuk menggenggam purnama bersama
Maka aku terlunta di rerimbunan waktu mencari dirimu
Danau *Youngrang* pun seketika berwarna kelabu
Tapi aku terus berlari sekencang aliran darah
Menyusuri musim semi di kaki gunung *Seorak* dengan rindu meluah

Tatkala yang kutemui hanya hampa
Kusadari, aku hanyalah abdi untuk-Mu, Sang Rindu

Sejati,

Kehampaanpun menjelma menjadi cahaya di ruang kalbu

bersinar seperti wajah tersiram air wudhu

* *Hak Sa Pyong* : Nama tanah gurun di kaki gunung *Seorak*
* Danau *Youngrang* : Sebuah danau di kota *Sokcho*, Propinsi *Gangwon*, Korea
* Gunung *Seorak* : Sebuah gunung di Propinsi *Gangwon*, Korea

평택 하늘의 구름

한 덩어리 구름이 평택 하늘에서
오후 태양에 구워지고 있고
수도사 정수리 위에는
동굴 속에 누워 있는 해골처럼
오래된 옛이야기가 마술처럼 향기롭다

이 도시에서
시침時針에 뭉친 그리움의 두루마리가
내 마음속에 녹아든
아얏 꾸르시에 의해 불태워졌다

 * 수도사(修道寺) : 적문(寂門) 스님이 주지로 있는 경기도 평택에 있
   는 사찰
 * 아얏 꾸르시(Ayat Kursi) : 이슬람 코란경에서 가장 으뜸인 구절

AWAN DI ATAS LANGIT
PYEONGTAEK

Sekerat awan di langit *Pyeongtaek*
Dipanggang bara siang
Di atas ubun-ubun Kuil *Sudosa*
Aromanya menyihirkan cerita masa lampau
Seperti tengkorak yang bergeletakan di sebuah gua

Di kota ini
Segulung rindu yang kulilitkan pada jarum jam
Hangus terbakar ayat Kursi
Yang melarut dalam batinku

* *Pyeongtaek* : Salah satu kota di Propinsi *Kyeonggi*, Korea
* Kuil *Sudosa* : Sebuah kuil Budha di kota *Pyeongtaek*, dipimpin oleh biksu Jeok *Moon*
* Cerita tengkorak : Sebuah cerita kuno sehubungan dengan biksu *Wonhyo*, abad ke-7

서울에서의 어느 날

햇볕은 정수리를 불태우고
녹아 흐르는 아스팔트 길 위에 자동차들은 허덕이고 있었다
하늘로 치솟은 빌딩들은 폭염 속에 흐느적거리고
서울은 펄펄 끓고 있었다
사람들은 아직도 먼 추운 겨울 하얀 눈을 벌써 그리워하기 시작했다

갑자기
도시 전체를 향기로 뒤덮을 것 같은
잘 익은 두리안처럼
하늘에 검은 구름이 모여들기 시작했고
집 창문 사이로 스며드는 빗물을 흩뿌리기 시작할 때
우산을 쓰지 않은 아이 한 명이
내 앞을 뛰어 스쳐 지나갔다

어제 맛본
배추김치 냄새가

빗줄기 사이로
맵게 퍼져 나갔다

* 두리안(durian) : 열대 과일. 향기가 독특하다

SUATU HARI DI KOTA SEOUL

Sinar mentari membakar ubun-ubun
Mobil-mobil terengah-engah di atas jalan aspal yang meleleh
Gedung-gedung pencakar langit melumer
Seoul panas membara
Orang-orang mulai merindukan salju putih di musim dingin

Tiba-tiba
langit menggumpalkan awan hitam
menyebarkan air ke seantero kota
aromanya bagaikan durian yang matang
yang harumnya menyengat
tempias air masuk ke celah-celah jendela rumah
seorang bocah tanpa payung
berlari di hadapanku

Bau *Kimchi* sawi

yang kucicipi kemarin
disebarluaskan dengan pedas
di sela-sela guyuran hujan

* *Kimchi* : Sejenis asinan tradisional Korea

강원 하늘에 펼쳐진 별무리

아, 강원 하늘에 흩뿌려져 흩어져 있는
밤의 별무리
당신의 빛을 바라볼 수 있게 허락해주세요
내 영혼 세계의 외로움을 놀라게 하기 위해
아, 태백의 계곡으로부터 흘러내린 한강
당신의 맑음에서 시간의 초침은 천천히 움직이고
설악산의 외로움은 밤을 재촉하고
한 장의 주저함을 내게 입히지요
가슴의 공허함을 안는 것은 하나의 고문이기에
아, 추운 나라에 있는 한 사람이여
나는 믿고 있어요
당신의 눈동자처럼 빛나는 시 구절로
내 상처 난 슬픔을 지울 수 있다고
눈 덮인 내 그리움을 다시 따스하게 만들 수 있다고

TEBARAN BINTANG DI LANGIT *GANGWON*

Wahai gemintang malam
Yang bertebaran di hamparan langit *Gangwon*
Izinkan aku menatap binarmu
Untuk menghalau sepi di jagat jiwaku
Wahai Sungai *Han yang* airnya mengalir di lereng *Taebaek*
Di jernihmu kesendirian layaknya detak waktu yang melambat
Sementara sepi gunung *Seorak* di renta malam
menyelimuti diriku dengan sehelai ragu
karena melerai hampa dalam dada adalah sebuah siksa
Wahai seseorang di negeri dingin,
aku berikrar menghapuskan memar dukaku
dengan larik-larik puisi yang berkilau seperti bola matamu
untuk kembali menghangatkan rinduku yang

diselimuti salju

* *Gangwon* : Salah satu propinsi di Korea
* Sungai *Han* : Sebuah sungai di Korea
* *Taekbaek* : Salah satu nama daerah di Propinsi *Gangwon*, Korea
* Gunung *Seorak* : Sebuah gunung di Propinsi *Gangwon*, Korea

인천공항에서의 이별 손짓

탑승객 대기실로 서둘러 가기 전
내게 와 닿은 당신 말의 따스함을 아직 느끼면서
인천공항을 포근하게 떠나려고 합니다

말하고 싶은 무언의 소리가
가슴에 가득 차
단지 서로의 눈과 마음만이 말을 할 뿐

아, 얼마나 신비한 당신의 눈동자인가
주위를 덮어버리는 아우라가 일고
멸망한 왕조의 남은 슬픔이 이미 사라진 것처럼
우리들의 눈과 마음의 대화는 깊고, 부드러웠지요
 마치 떠나기 전 먹었던 삼계탕 국물 맛처럼, 영계의
부드러운 육질처럼
 --- 단 한 차례라 말은 없었지만
 모든 것을 마음에 재빨리 담았지요
 마치 우리 둘, 가슴속 마음을 서로 잇는
 당신의 어깨걸이처럼

인천공항에서
내 마음도 당신을 향해 손짓을 했지요

LAMBAIAN DI BANDARA
INCHEON

Kutinggalkan bandara *Incheon* dengan lunglai
masih terasa lekap hangat percakapan denganmu
sebelum aku bergegas ke ruang tunggu

Percakapan tanpa suara
sebab penuh dada ini untuk bicara
Hanya mata dan hati saling berkata

Ah, betapa menyihir binar matamu
ada aura yang menaklukkan dunia
seakan sisa duka dinasti yang dirampas telah pupus

Percakapan mata dan hati kita begitu gurih dan empuk
Seperti gurihnya kaldu *samgyetang* dan empuknya daging ayam muda
yang kusantap sebelum pulang
--meski, sekali lagi, tanpa kata-kata

Semua berkelebat dalam dada
Seperti sehelai selendang darimu
Yang mengikat dua rasa di dada kita

di bandara *Incheon*
hatiku pun melambai padamu

* Bandara *Incheon* : Salah satu bandara internasional di Korea
* *Samgyetang* : Sup ayam yang direbus dengan ginseng, masakan khas Korea

TENTANG PENYAIR

KIM YOUNG SOO lahir di Seoul, Korea Selatan. Menyelesaikan Studi S1 di Jurusan Bahasa Malay-Indonesia, di Hankuk University of Foreign Studies (HUFS). S2 diselesaikannya di Program Studi Kesusastraan Modern Indonesia (khususnya menyorot karya Pramoedya Ananta Toer) di perguruan tinggi yang sama. Sementara Program S3 ia tuntaskan di Jurusan Sastra Bandingan *(Comperative Literature)* juga di perguruan tinggi yang sama, dengan disertasi berjudul 「*A Study on Chairil Anwar's Poems with the Postcolonialistic View*」.

Ia menulis sejumlah penelitian dan buku termasuk tulisan bersama, antara lain 「*The Haecho's Journey : A Monk of Shilla's Kingdom Korea to Sriwijaya Kingdom*」, 『*Kebudayaan dan Sosial di Asia Tenggara*』, 『*Keagamaan dan Negara di Asia Tenggara*』, 『*Utang Perang Asia Pasifik-Ianfu, Romusha, Heiho*』, 『*Pengantar Bahasa Indonesia*』, dan 『*Bahasa Indonesia Praktis*』. Ia juga menerjemahkan sejumlah buku dari bahasa Korea ke bahasa Indonesia, dan sebaliknya antara lain, kumplan puisi 『*Orang Suci, Pohon Kepala*』 (antologi penyair Korea, *Choi Jun*), kumpulan puisi 『*Apa yang Diharapkan Rel Kereta Api*』(antologi penyair *Moon Changgil*), kumpulan puisi 『*Ikan Adalah Pertapa*』 antologi penyair *Ko Hyeong Ryeol*), 『*Cerita tentang Ianfu di Indonesia*』 (Karya asli: non fiksi *Pramoedya Ananta Toer*

『Perawan Remaja dalam Cengkeraman Militer』), 『Momoye Mereka Memanggilku』(karya asli : non-fiksi *Eka Hindra, Kimura Koichi*)

Ia pernah bekerja di Kalimantan Selatan dan Jakarta untuk KODECO (Korea Development Company), salah satu perusahaan eksplorasi hutan di Kalimantan Selatan, Indonesia dan memegang jabatan Kepala Siaran Bahasa Indonesia, Chief Producer, KBS (Korean Broadcasting System) selama 30 tahun dan membantu pembukaan Siaran Bahasa Korea di Radio Republik Indonesia (RRI) pada tahun 2004.

Ia juga menerima Hadiah Utama bidang puisi dalam Kompetisi Karya Sastra Internet 'Cerita Indonesia' ke-8 (tahun 2017) dan naik panggung dunia sastra melalui penerimaan Hadiah Penyair Baru oleh majalah sastra musiman 『Changjak21』 Korea tahun 2018) Kini ia menciptakan puisi sebagai anggota komunitas sastrawan 『Modern Poems』 Korea.

시인 소개

김영수, 서울 출생. 한국외국어대학교 말레이-인도네시아어학과 졸업. 동 대학원에서 인도네시아 현대문학 전공. 쁘라무디야 아난따 뚜르(Pramoedya Ananta Toer) 작가 작품 분석으로 석사학위 취득. 인도네시아 시인, 하이릴 안와르(Chairil Anwar) 시 분석으로 비교 문학 박사 학위를 받음. (논문 제목 :「탈식민주의적 관점으로 본 하이릴 안와르(Chairil Anwar 시(詩) 연구 - 탈식민 행위의 성과와 한계를 중심으로 -」)

논문으로는「新羅僧 慧超의 인도네시아, 스리위자야(Sriwijaya) 王國 滯在 可能性에 대한 小考 :『一切經音義』와 스리위자야 王國의 地政學的 位置를 中心으로」를 포함하여 다수가 있다. 공저 포함하여 저서로는『동남아의 사회와 문화』,『동남아의 종교와 국가』,『Utang Perang Asia Pasifik-Ianfu, Romusha, Heiho』(아시아 태평양 전쟁의 부채 위안부, 노무자, 병보),『인도네시아어 입문』,『實用 인도네시아語』,등이 있다. 번역 시집으로는『Orang Suci, Pohon Kepala』(최준 시집 : 뿔라부안라뚜 해안의 고양이),『Apa yang Diharapkan Rel Kereta Api』(문창길 시집 : 철길이 희망하는 것은),『Ikan Adalah Pertapa』(고형렬 시집 : 오래된 것들을 생각할 때에는) 이 있고 번역서로는『인도네시아의 위안부 이야기』(원저 : Pramoedya Ananta Toer의 논픽션『Perawan Remaja dalam Cengkeraman Militer』),『그들은 나를 모모예라고 불렀다』(원저 : Eka Hindra, Kimura Koichi 공저의 논픽션『Momoye Mereka Memanggilku』) 등이 있다.

인도네시아에 진출한 한국기업인 ㈜ 한국남방개발

(KODECO : Korea Development Company) 남부 칼리만탄 현장과 자카르타 지사에서 재직했으며 한국방송공사(KBS : Korean Broadcasting System) 국제방송에서 30년을 근무하면서 인도네시아어방송 팀장과 선임 PD를 역임했고 인도네시아 국영라디오(RRI : Radio Republik Indonesia)에 한국어방송 개설(2004)을 지원했다.

  2017년 제8회 '인도네시아 이야기' 인터넷 문학상 대상(한-인니문화원 주최) 수상. 2018년 계간 문예지 『창작21』 시 부문 신인상 수상을 통해 등단. 현재 월간 문예지 『모던포엠』 작가회 회원으로 활동 중이다.

시인 소개

센니 수잔나 알와실라(SENNY SUZANNA ALWASILAH) 는 편지를 쓸 때 언제나 시적인 표현을 해서 읽는 사람의 마음을 감동케 했던 어머니와 한번 화가 나면 그 목소리가 천둥소리처럼 우렁찼던 군인이었던 아버지 사이에서 막내딸로 태어났다.

학사과정은 외국어고위과정학교(STBA YAPARI)에서, 석사와 박사 학위 과정은 반둥(Bandung)에 있는 인도네시아교육대학교(UPI)에서 마쳤다.

어머니로부터 문학적 소양을 물려받았는데 초등학교 5학년 때 처음으로 그 재능을 스스로 알게 되었다. 어느 날, 학급 아이들은 담임이셨던 여 선생님의 말씀에 따라 자연에 대해 한 장 정도 분량으로 작문을 한 적이 있었다.

그날 선생님께서 Senny 시인의 작문을 읽고 크게 기뻐했는데 왜냐면 어휘 선택이 남달랐고, 은유법을 사용했는데 당시 같은 또래의 아이들은 아직 이해하지 못하는 표현 방법이었기 때문이었다. 그날 Senny 시인은 기뻐하는 담임 선생님으로부터 많은 칭찬과 함께 상을 받았다.

2023년 한국에서 개최된 '만해축전'을 기리기 위해 그리고 2024년 경기도 평택에 있는 수도사(修道寺)에서 진행된 만찬(정장선 평택시장 참석)을 기념하기 위해 자작시를 낭송한 바가 있다.

현재 아시안여성작가협회(Asian Women Writers Association)(AWWA) 회장을 맡고 있으며 작문법을 대학에서 강의하고 있고 활발하게 저술 활동 중이다. 강의 교재 집필, 논문, 기사 작성 이외에도 단편, 시, 하이쿠(俳句) 등을 창작하고 있으며, 여러 권의 시집을 출간했다. 최근 출간한 교재로는 Reading Writing Connections과 Studi Kasus 2.0.이 있고, 시집으로는 『그리움의 순례』(Ziarah Rindu)와 하이쿠(俳句) 모음집인 『눈물의 음율』(Irama Air Mata) 등이 있다.

현재 인도네시아 반둥(Bandung)에 있는 Pasundan대학교 예술-문학대학 학장과 국제협력실 실장으로 재직 중에 있다.

TENTANG PENYAIR

SENNY SUZANNA ALWASILAH lahir dari Ibu yang memiliki hati indah yang kalau mengirim surat kata-katanya puitis melelehkan hati, dan dari seorang Bapak, Tentara yang kalau marah suaranya menggelegar bagai halilintar.
Senny menyelesaikan Pendidikan S1 di Sekolah Tinggi Bahasa Asing (STBA YAPARI), sementara gelar Magister dan Doktornya didapatkan dari Universitas Pendidikan Indonesia (UPI) Bandung.

Bakat sastranya yang turun dari ibunya, Senny rasakan sejak ia duduk di kelas 5 Sekolah Dasar. Pada masa itu, suatu hari Ibu Guru menyuruh anak-anak menulis cerita tentang alam sebanyak satu halaman buku bergaris. Setelah selesai, anak-anak mengumpulkan karangannya.

Bu Guru terkesima waktu membaca karangan Senny, karena Senny sudah menggunakan diksi-diksi dan metafor yang belum terjamah oleh teman-teman seumurnya. Hari itu Senny banjir hadiah karena Bu Guru merasa senang hatinya.

Pada tahun 2023 Senny membacakan puisi karyanya pada Festival Sastra *Manhae* di Korea Selatan. Pada tahun 2024 juga mendapat kesempatan membacakan puisi di acara gala dinner di Kuil Sudo yang dihadiri oleh wali kota Pyeongtaek, Mr. *Jung Jang-Seon*.

Senny sebagai *The President of Asian Women Writers*

Association (AWWA) dan dosen yang mengajar beberapa mata kuliah menulis, banyak berkiprah di dunia tulis menulis. Selain menulis buku teks, journal terindex scopus dan terakreditasi Sinta, senny juga menulis artikel, cerita pendek, puisi, haiku (puisi Jepang), dan sejumlah buku antologi. Dua buku teks terbarunya berjudul *Reading Writing Connections dan Studi Kasus 2.0*. Sementara karya sastra yang terbaru adalah buku kumpulan puisi berjudul Ziarah Rindu dan buku kumpulan *haiku* berjudul *Irama Air Mata*.

Senny sekarang sedang mendapat Amanah sebagai Dekan Fakultas Ilmu Seni dan Sastra serta Ketua KUI (Kantor Urusan Internasional) Universitas Pasundan Bandung.